AF389063

NOUVEL

ABRÉGÉ D'HISTOIRE

NOUVEL
ABRÉGÉ D'HISTOIRE

A L'USAGE

DES CANDIDATS AU BACCALAURÉAT ÈS LETTRES

RÉDIGÉ CONFORMÉMENT AU PROGRAMME OFFICIEL

PAR

UN PROFESSEUR D'HISTOIRE

NOUVELLE ÉDITION

REVISION DU COURS DE SECONDE
1270 à 1610

PARIS
LIBRAIRIE CH. DELAGRAVE
15, rue Soufflot, 15

1885

ABRÉGÉ D'HISTOIRE

A L'USAGE

DES CANDIDATS AU BACCALAURÉAT ÈS LETTRES

Iʳᵉ LEÇON

PHILIPPE LE BEL. — CARACTÈRE NOUVEAU DU GOUVER-
NEMENT. — LES LÉGISTES. — LES PREMIERS ÉTATS
GÉNÉRAUX. — LUTTE CONTRE BONIFACE VIII. — CON-
DAMNATION DES TEMPLIERS. — SOULÈVEMENT DE LA
NOBLESSE EN 1314. — LES FILS DE PHILIPPE LE BEL.

Philippe III le Hardi (1270-1285). — Après la mort de saint Louis, Philippe III, son fils, ramena d'Afrique l'armée française et recueillit, en montant sur le trône, l'héritage de son oncle, Alphonse de Poitiers (Poitou), celui de sa tante, Jeanne de Toulouse (Languedoc), et celui de son frère, Jean Tristan, comte de Valois. Il prépara l'annexion de la Champagne au domaine royal en mariant son fils aîné, Philippe, avec Jeanne de Navarre, l'héritière de cette province.

Deux guerres malheureuses, l'une en faveur de ses neveux, les Lacerda, contre Sanche le Brave, usurpateur du trône de Castille, l'autre contre le roi d'Aragon, fauteur

Guerres
de Castille,
1276,
et d'Aragon
1285

des *vêpres siciliennes*, occupèrent tout le règne de Philippe III. Ce roi mourut à Perpignan, victime de la peste qui ravageait son armée. Les guerres qu'il avait entreprises furent terminées sous le règne suivant.

Philippe IV le Bel (1285-1314). — Caractère nouveau du gouvernement.

— Philippe le Bel, petit-fils de saint Louis, s'entoure d'hommes imbus de principes de droit qu'ils ont puisés dans les Pandectes de Justinien retrouvées à Amalfi ; il les entend proclamer qu'il a, comme roi, tous les droits des Césars, et que cette théorie du pouvoir est la plus ancienne et la plus vraie ; il adopte volontiers une législation qui lui permet, comme aux empereurs romains, de disposer au gré de ses caprices de la vie et des biens de ses sujets. Nourri donc de cette nouvelle doctrine gouvernementale, au mépris de ses droits les plus justes et les plus sacrés, il dépouille l'Eglise de ses biens, persécute le pape, envoie les Templiers au supplice, s'empare de leurs richesses, supprime les privilèges des communes, écrase son peuple d'impôts et le ruine par l'altération des monnaies. Si l'on se plaint de pareils traitements, Philippe répond avec ses légistes, le code à la main : Tout ce que je fais est légal ; comme si légalité et justice étaient une même chose. Le roi de France pousse la fourberie plus loin : il falsifie les lettres du pape pour tromper le peuple et le rendre complice de ses méfaits ; il accuse même le souverain pontife d'être le plus mauvais fidèle de la chrétienté et demande sa déposition.

Mais dans la France, libre jusqu'alors, régie par ses coutumes et ses traditions, s'établit, avec le despotisme impérial, l'unité de pouvoir. Déjà Philippe III, en déclarant que le domaine royal était inaliénable, et qu'à l'extinction des héritiers mâles leurs apanages devaient faire retour à la couronne, avait assuré pour l'avenir l'unité territoriale de la France. Philippe IV, en prenant le droit de conférer des titres de noblesse, renversa la barrière qui séparait les roturiers des nobles et prépara la fusion des classes sociales. Aucune résistance sérieuse ne put dresser d'obstacles aux volontés du monarque ;

partout l'armée, qu'entretenait un impôt violemment extorqué, fit exécuter ses décrets. En résumé, violence, hypocrisie, centralisation administrative, tels sont les caractères du gouvernement nouveau.

Les légistes. — Le parlement (1291-1302). — A l'origine, les légistes n'étaient que les clercs des barons. Lorsque le roi tenait son *parlement* ou *sa cour*, les légistes, assis aux pieds de leurs maîtres souvent fort ignorants, devaient leur donner des renseignements ou des conseils sur les affaires en litige. Après la découverte des Pandectes, ces jurisconsultes s'appliquèrent à l'étude du droit romain, si favorable au despotisme, le propagèrent partout et firent ainsi une révolution dans la législation. Les barons, n'étant plus alors compétents dans les questions de justice, furent remplacés par les légistes. Ce fut avec de tels éléments que Philippe le Bel composa son parlement. Les Pierre Flotte, les Enguerrand de Marigny, les Nogaret et les Plaisian, dévoués jusqu'à la bassesse, jusqu'au crime même, aux intérêts du roi, méritaient bien l'honneur de prendre rang dans la première chambre de justice du royaume.

Origine des légistes.

Les attributions politiques, financières et judiciaires de l'ancienne *cour du roi* furent réparties entre rois chambres, ou plutôt trois sections différentes :

1° Le *grand conseil* (1302-1497), dont sortirent plus tard le conseil d'*en haut* et le *conseil d'Etat*, conserva l'administration des affaires politiques sans perdre complètement le pouvoir judiciaire.

Le grand conseil.

2° La *chambre des comptes* fut chargée de reviser les opérations financières des baillis, d'arrêter les comptes de tous ceux qui maniaient les deniers du roi.

La chambre des comptes.

3° Le *parlement* eut l'administration de la justice. Cette dernière section était formée de trois chambres : 1° la *grand'chambre* ou *cour des pairs*, ainsi nommée parce que les pairs y siégeaient dans les procès des grands vassaux, qui connaissait des appellations des sentences rendues par les baillis et jugeait certaines causes graves ou privilégiées en première instance ; 2° la *chambre des enquêtes,* cour d'instruction qui avait la charge de reviser

Le parlement.

les pièces des procès déjà jugés ; 3° la *chambre des requêtes*, qui jugeait les causes évoquées directement devant elle par des dignitaires laïques ou ecclésiastiques, en vertu d'un privilège du roi [1].

Droits
du parlement.

Le parlement tenait deux sessions par an dans le palais de la Cité. Il n'avait d'abord, avec ses attributions judiciaires, que le droit de *vérifier* ou d'*enregistrer* les édits du roi, mais il prit peu à peu celui de faire des *remontrances*.

Par décision de Philippe IV, l'*échiquier* de Normandie, les *grands jours* de Troyes, la *sénéchaussée* de Toulouse, tribunaux suprêmes comme le parlement, perdirent leur indépendance et durent avoir pour présidents des délégués royaux. Partout aussi l'on introduisit la procédure écrite, afin d'écarter les seigneurs des tribunaux.

Traités
de Tarascon,
1291,
et d'Anagni.
1295.

Guerre d'Angleterre et de Flandre (1295-1302). — Philippe IV mit fin aux deux guerres commencées sous le règne de son père. Le traité de Tarascon (1291) laissa la Castille à Sanche le Brave et Avignon au pape ; celui d'Anagni (1295) unit la Sicile à l'Aragon, et Charles le Boiteux, fils de Charles d'Anjou, dut se contenter de Naples. Mais Philippe IV n'était pas homme à vivre en paix avec ses voisins, il n'avait signé ces deux traités que pour diriger ses troupes d'un autre côté.

Guerre
entre
la France
et l'Angleterre,
1292-1299.

A la suite d'une querelle survenue à Bayonne entre des marins normands et des marins anglais, Philippe IV fit prononcer, par son parlement, la réunion de la Guyenne à la France. La guerre éclata entre Edouard Ier et Philippe, mais leurs alliés en portèrent le poids le plus lourd : Philippe battit les Flamands à Furnes, et Edouard

Batailles
de Furnes, 1297,
et de Falkirk.

les Ecossais à Falkirk, puis tous deux signèrent ensemble le traité de Montreuil, en vertu duquel la Guyenne était donnée en dot à Isabelle de France, qui épousait Edouard II (1299).

Guerre
de Flandre.

A Montreuil, les deux rois s'étaient réciproquement

---

[1] Ce privilège était appelé privilège de *committimus*, parce que c'était par ce mot que commençait la lettre du roi autorisant les parties à porter leurs causes devant le parlement.

sacrifié leurs alliés. Philippe IV s'empara du comte de Flandre, Guy de Dampierre, le mit en prison au Louvre, et réunit la Flandre à la France. Le gouverneur de cette province, Jacques de Châtillon, pour plaire à la reine de France, jalouse de la riche toilette des femmes de Flandre, provoqua, par sa cupidité et sa tyrannie, les *vêpres flamandes*. Philippe voulut châtier les rebelles et fut vaincu à Courtray (1302). Deux ans plus tard, il prit sa revanche à Mons-en-Puelle, et signa la paix d'Athies, car il *pleuvait des Flamands* (1305).

Batailles de Courtray,1302 et de Mons-en-Puelle, 1304.

Lutte contre Boniface VIII. — Les premiers états généraux (1302). — Les rois de France et d'Angleterre, manquant de ressources pour se faire la guerre, s'étaient mis à dépouiller les Eglises de leurs royaumes ; mais Edouard, sur les remontrances du pape (bulle *Clericis laicos*), et Philippe, moins docile, sur de nouvelles instances du pontife (bulle *Ineffabilis*), avaient renoncé à leurs usurpations et signé la paix de Montreuil, sous la médiation de *Benoit Cajétan :* c'était le nom de Boniface VIII. Philippe, se croyant le maître des biens de ses sujets, et ayant besoin d'argent, ne pouvait pas être sincèrement converti. En effet, dès 1301, le roi de France, au mépris des droits de l'Eglise, soumit à l'impôt les évêchés et les couvents, s'appropria les revenus des Eglises de Reims, de Cambrai, etc., fit bon accueil à Sciarra Colonna, ennemi du pape, et, après cela, jeta en prison le légat de Boniface VIII, qui lui demandait compte de sa conduite.

Causes des différends entre le pape et le roi.

Le pape, alors, adressa à Philippe la bulle *Ausculta fili*, dans laquelle, sans l'excommunier, il lui reprochait « d'accabler son peuple d'impôts, de le molester par des changements de monnaie et de dévorer les revenus des Eglises vacantes, sous le prétexte abusif du droit de régale. » Il était bien dur pour une tête couronnée d'entendre ces vérités. Parlant ensuite de son pouvoir, le pape ne réussit point à faire comprendre au roi, égaré par la doctrine de ses légistes, cette vérité si simple, que, vicaire de Jésus-Christ, il était constitué de par Dieu juge des actes répréhensibles de tous les chrétiens, rois ou sujets.

Philippe ne se contenta pas de fermer l'oreille aux instructions du souverain pontife ; avec la complicité de Pierre Flotte il dénatura sa bulle, la publia et lui répondit par des insultes.

Le déloyal et faussaire Philippe, voulant associer la nation entière à sa révolte contre la papauté, convoqua à Paris les représentants du clergé et de la noblesse, et avec eux les délégués des communes et de l'université. Les députés du tiers état ou de la bourgoisie vinrent donc, pour la première fois (1302), prendre place à côté de ceux des ordres privilégiés. Devant cette assemblée réunie à Notre-Dame, Pierre Flotte commenta de nouveau la bulle *Ausculta fili*. Après avoir faussement attribué au pape des revendications exagérées, il lui imputa les crimes mêmes de son maître ; il l'accusa d'opprimer les Eglises des Gaules, et termina son discours en priant les états d'aider au roi à défendre les libertés de l'Eglise et du royaume.

Les députés, trompés par les mensonges du chancelier, se montrèrent tout dévoués à leur souverain. Le tiers, flatté de se voir admis parmi les représentants de la nation, parut déjà prêt à proclamer l'absolutisme de l'autorité royale. La noblesse, qui convoitait les biens du clergé pour réparer les brèches faites à sa fortune par les croisades et l'affranchissement des communes, ne désapprouva point Philippe ; enfin le clergé n'eut point dans cette circonstance une attitude plus digne que les autres ordres : il montra de la faiblesse, il se contenta de demander la permission de prendre part au concile que le pape ouvrait à Rome, ce qu'il n'obtint pas. « Tels furent les premiers symptômes de cette servitude que les jurisconsultes et les agents du pouvoir temporel décorèrent du nom pompeux de liberté de l'Eglise gallicane. »

Pendant ce temps-là Boniface VIII avait préparé, dans le concile de Rome, la bulle *Unam sanctam*, destinée à Philippe IV. Elle montrait la supériorité de la puissance spirituelle sur la puissance temporelle. Philippe le Bel et ses légistes, furieux à la lecture de cette bulle, se réunirent aussi au Louvre avec quelques membres du clergé. Dans ce conciliabule, Guillaume de Plaisian accusa le pape d'hérésie et de simonie, et demanda au nom du roi sa déposition. On accéda aux vœux de Philippe. Donc, pour exécuter la sentence du conciliabule, Nogaret et Sciarra Colonna, avec quelques centaines d'aventuriers, se rendirent en Italie, pénétrèrent par trahison dans Anagni, où résidait en ce moment le souverain pontife, parvinrent jusqu'à lui et l'accablèrent d'outrages. Quelques jours après, une fièvre violente emportait ce vieillard plus qu'octogénaire. Son successeur, Benoît XI, excommunia Nogaret, Colonna et *tous les fauteurs* de l'attentat d'Anagni ; moins d'un mois après ce pape mourut empoisonné.

Attentat d'Anagni, 1303.

Alors, par ses intrigues, Philippe le Bel réussit à faire monter sur le saint-siège, sous le nom de Clément V (1305-1314), Bertrand de Got, archevêque de Bordeaux, qui lui était tout dévoué. Pour lui plaire, en effet, Clément V se fixa à Avignon, révoqua les actes de Boniface VIII, sans vouloir cependant le condamner.

Le pape à Avignon, 1305.

Condamnation des Templiers.— Les Templiers, retirés depuis la perte de la Palestine, au nombre de plus de 13,000, dans les commanderies d'Occident, étaient possesseurs de 10,000 manoirs et de plus de 120 millions d'écus. Leur puissance et leurs richesses excitaient la défiance et l'envie des rois. Des bruits infamants contre les chevaliers circulèrent bientôt dans le peuple. Philippe le Bel, toujours besogneux d'argent, ne pouvait pas manquer d'exploiter ces rumeurs ; il prépara dans l'ombre la perte de ceux qui l'avaient naguère sauvé dans un jour d'émeute. Le 12 octobre 1308, ses baillis et sénéchaux arrêtèrent par surprise tous les chevaliers qui se trouvaient en France. Mis à la torture, les Templiers confirmèrent les accusations d'*apostasie*, *idolâtrie*, etc., portées contre eux. Philippe IV se servit de ces aveux violemment extorqués pour obtenir des états généraux réunis à Tours et du pape la poursuite de leur procès. Plus de 300 Templiers rétractèrent leurs dépositions ; 54 d'entre eux n'en furent pas moins conduits au bûcher, et cela, malgré l'opposition des commissaires pontificaux. Le concile de Vienne (1312) supprima l'ordre et donna ses biens aux Hospitaliers ; mais les princes les gardèrent pour s'indemniser des frais du procès. En 1313, le grand maître Jacques Molay et le

Richesse des Templiers.

Procès et suppression des Templiers, 1312.

commandeur de Normandie furent brûlés dans la Cité, sur les ordres de Philippe le Bel, qui craignait que de nouvelles révélations ne découvrissent son iniquité. Peu après, Philippe le Bel, le *faux monayeur* et le *maltôtier*, le fléau de l'Eglise et de la France, comparaissait à son tour au jugement de Dieu (1314).

Mais ni les richesses des Templiers, ni l'altération des monnaies, ni la maltôte, que subissaient principalement les marchands, n'avaient pu fournir suffisamment aux dépenses que nécessitaient l'entretien d'une armée maintenant à la solde du roi et celui d'un nombreux personnel de fonctionnaires dont la fidélité était déjà grassement payée ; pour se créer des ressources, Philippe IV avait dû augmenter les impôts existants et en établir de nouveaux. Les plus lourds pour le peuple étaient la *traite*, prélevée sur toutes les marchandises aux frontières du royaume, la *taille*, payée seulement par les roturiers, et la *gabelle* ou impôt sur le sel, etc. Aussi, à peine Philippe fut-il mort que le mécontentement général se traduisit par une vive réaction contre son gouvernement.

Soulèvement de la noblesse en 1314. — Les fils de Philippe le Bel (1314-1328).— A peine Philippe le Bel fut-il descendu dans la tombe que le peuple, les grands et les états des provinces s'unirent pour détruire ses réformes et ses institutions. Pour satisfaire le peuple, on châtia les ministres du monarque : le chancelier Pierre de Latilly fut jeté en prison, le légiste Raoul de Presles mis à la torture, et le ministre des finances, Enguerrand de Marigny, pendu au gibet de Montfaucon.

Pour contenter les nobles, on leur rendit le droit de guerre, on destitua les juges royaux, on abolit la procédure écrite, et l'on rétablit les justices féodales et les duels judiciaires.

Les provinces de Normandie, de Picardie, de Bourgogne, etc., recouvrèrent aussi leurs anciens privilèges. Ainsi, on donna la charte aux *Normands*, qui mettait les habitants de la Normandie à l'abri des taxes arbitraires, de la confiscation et de la torture ; on reconnut la souveraineté de

GÉNÉALOGIE

DES DERNIERS CAPÉTIENS DIRECTS, 1226-1328, ET DES PREMIERS CAPÉTIENS-VALOIS, 1328-1498

Louis IX (1226-1270).

Philippe III le Hardi (1270-1285). — Robert de Clermont, qui épouse Béatrix, héritière de Bourbon.

Philippe IV le Bel (1285-1314). — Charles de Valois, † 1325.

Louis X le Hutin (1314-1316). — *Philippe V le Long* (1316-1322). — *Charles IV le Bel* (1322-1328). — Isabelle qui épouse Edouard II, roi d'Angleterre.

Jean Ier, † 1316. — Jeanne épouse Philippe d'Evreux et lui porte la Navarre. — Edouard III (1327-1377).

Charles le Mauvais, † 1387.

Charles III, † 1425.

Blanche qui épouse Jean II d'Aragon.

Philippe VI de Valois (1328-1350). — Charles d'Alençon.

Jean II le Bon (1350-1364).

Charles V (1364-1380). — Louis d'Anjou, dont le petit-fils René Ier, ép. Isabelle de Lorraine. — Jean duc de Berry. — 2e *Maison de Bourgogne.*

Charles VI (1380-1422). — Louis d'Orléans, † 1407 épouse Valentine Visconti — Jean de Calabre, † 1471. — Yolande épouse Ferry de Vaudemont. — Philippe le Hardi † 1407, épouse Marguerite de Flandre.

Nicolas, † 1473.

Charles VII (1422-1461). — René II, † 1508. — Jean sans Peur, † 1419.

Louis XI (1461-1483). — Antoine, duc de Lorraine † 1544 — Claude de Lorraine duc de Guise, † 1558. — Philippe le Bon, † 1467.

Charles le Téméraire, † 1477.

Charles VIII mort sans enfants (1483-1498). — Anne épouse Pierre de Beaujeu. — Jeanne de Valois 1re femme de Louis d'Orléans. — Marie de Bourgogne, † 1482 qui épouse Maximilien archiduc d'Autriche.

Philippe le Beau.

l'échiquier de Rouen en matière judiciaire, et aussi, au duc de Bretagne, le droit de rendre la justice sans appel.

Philippe le Bel avait laissé trois fils dignes de lui. Louis X le Hutin (1314-1316), le témoin de cette réaction dont nous venons de parler, obligea les serfs d'acheter leur liberté et fit une expédition désastreuse en Flandre. Il mourut en 1316. Il avait fait étrangler sa première femme à Château-Gaillard, puis avait épousé successivement Marguerite de Bourgogne et Clémence de Hongrie. Marguerite lui avait donné une fille, Jeanne, et Clémence lui donna un fils posthume, Jean Ier, qui ne vécut que huit jours. A qui donc devait alors revenir la couronne? Etait-ce à Jeanne ou à Philippe, second fils de Philippe le Bel? Les états généraux et les légistes, consultés sur cette question, trouvèrent la couronne de France *bien trop noble pour tomber en quenouille;* ils assimilèrent le royaume à une terre salique et l'attribuèrent à Philippe V *le Long;* Jeanne obtint en compensation la couronne de Navarre et épousa Philippe d'Evreux.

Philippe V, qui devait la couronne aux légistes, se montra reconnaissant : il fit exclure les prélats des cours de justice, sépara du parlement la chambre des comptes et lui donna le droit de juger souverainement au fait des comptables, enleva aux baillis le prélèvement de l'impôt pour le donner à des receveurs particuliers, persécuta les juifs, accusés de pratiquer l'usure et d'empoisonner les fontaines. A sa mort, il ne laissa que quatre filles; son frère hérita de la couronne.

Charles IV le Bel mérita le surnom de *Grand Justicier,* en faisant conduire au gibet Gérard de la Guette et Jourdain de l'Isle, convaincus de vol. Il ne laissa point d'héritiers mâles (1328). Un souffle de malédiction avait donc passé sur la race de Philippe le Bel.

IIᵉ LEÇON

PREMIÈRE PARTIE DE LA GUERRE DE CENT ANS. — LES
ÉTATS GÉNÉRAUX ET ÉTIENNE MARCEL. — LA JAC-
QUERIE. — CHARLES V ET DU GUESCLIN. — GUERRES
ET GOUVERNEMENT. — PARIS AU XIVᶜ SIÈCLE.

Première partie de la guerre de Cent ans (1340-1375). — Règne de Philippe VI (1328-1350). — En 1328, les douze pairs et les barons de France, sans tenir compte des réclamations d'Edouard III, petit-fils de Philippe IV par sa mère Isabelle, donnèrent la couronne à Philippe, fils de ce Charles de Valois qui fut *fils de roi, frère de roi, oncle de roi, père de roi et jamais roi.* « Ainsi alla le royaume hors de la droite lignée, ce semble à moult gens, par quoi grandes guerres sont advenues. » Le nouveau roi ouvrit son règne par la victoire de Cassel (1328) sur les Flamands, que Zannekin avait soulevés contre Louis de Nevers, leur comte. Fier de ce succès, il somma le roi d'Angleterre, qui revendiquait toujours la couronne de France, de venir lui faire hommage pour la Guyenne et le Ponthieu.

Edouard obéit en vassal fidèle ; il passa sur le continent, et, dans la cathédrale d'Amiens, s'agenouilla, tête nue, sans épée et sans éperons, aux pieds de son suzerain. Mais le souvenir de cette humiliante cérémonie ne s'effaça point de son cœur ; d'ailleurs le faussaire et *envoulteur* Robert d'Artois, qu'il avait accueilli à sa cour, ne cessait point d'entretenir ses projets de vengeance et de le provoquer à la guerre contre Philippe VI. Finalement, Edouard III fit *serment sur un héron,* en présence de ses courtisans, de détrôner le roi de France, qu'il n'appelait que le *roi de Saint-Denis.* Afin de débarquer plus facilement sur le continent, il s'allia avec le brasseur de Gand

Philippe VI,
1328-1350.

Victoire
de Cassel,
1328.

Causes
de la guerre
de Cent ans.

Le serment
du héron.

Jacques Arteveld, le provocateur d'une nouvelle insurrection flamande, et pour lever les scrupules des insurgés, qui n'osaient pas encore faire la guerre à Philippe VI, leur suzerain, il fit représenter sur ses étendards les armes du roi de France.

Dès le début de la guerre, la marine anglaise se signala par son habileté et son courage ; elle remporta une grande victoire au port de l'Ecluse (1340), sur les Français indociles aux avis du Génois Barbavera. Alors, sur les instances des légats du pape, les deux partis s'entendirent à la chapelle d'Esplechin pour suspendre les hostilités.

Malgré cette trêve, les Anglais et les Français se retrouvèrent bientôt en présence dans la guerre de succession de Bretagne. En effet, ici, à la mort de Jean III (1341), Philippe VI soutint les droits de son neveu, Charles de Blois, au trône ducal, et Edouard III, ceux de Jean IV de Montfort. Le parti français prit Jean de Montfort dans Nantes et l'envoya prisonnier au Louvre. Mais sa femme, Jeanne de Flandre, n'en continua pas moins la guerre avec son fils, le *petit Jehan*, et montra un courage héroïque pendant le siège d'Hennebont. Cependant les

LES DUCS DE BRETAGNE DE LA MAISON DE DREUX.

Arthus II (1305-1312),
arrière-petit-fils de Pierre Mauclerc, premier duc de Bretagne, épouse
1° l'héritière de Limoges.   2° l'héritière de Montfort.

Jean III le Bon, ✝ 1341.	Guy de Penthièvre.	*Jean IV* épouse Jeanne de Flandre, ✝ 1345.	
	Jeanne la Boiteuse ép. Charles de Blois, ✝ 1363.	*Jean V le Vaillant,* ✝ 1399.	
		Jean VI, ✝ 1442.	Arthus III comte de Richemont et connétable de France.	Richard d'Etampes. *François II,* ✝ 1488. *Anne de Bretagne,* ✝ 1514 ép. Charles VIII, puis Louis XII.

François Ier ✝ 1450.   *Pierre II* ✝ 1457,   Gilles.
épouse
Françoise d'Amboise.

Anglais et les Français, sur le point d'en venir aux mains sur les bords de l'Oust, déférèrent aux prières des légats du pape et signèrent la trêve de Malestroit (1343). La retraite des Français et des Anglais n'arrêta point la lutte entre les deux partis bretons ; après la mort de Jean IV et l'incarcération de Charles de Blois, leurs femmes, Jeanne la Flamande et Jeanne la Boiteuse, se firent une guerre restée célèbre sous le nom de guerre des *deux Jeannes*, et dont Froissard s'est plu à raconter « les belles envahies et les belles rescousses. »

Les deux Jeannes.

Peu de temps après avoir signé la trêve de Malestroit, Philippe VI attira à un tournoi, à Paris, Olivier de Clisson et plusieurs autres seigneurs bretons, partisans d'E- douard III, et les fit décapiter sans forme de procès ; cet acte déloyal remit les armes aux mains des Anglais et des Français. Aussitôt la veuve d'Olivier de Clisson alla, casque en tête et l'épée au poing, offrir son bras à Jeanne la Fla- mande, et Edouard III s'apprêta à repasser sur le conti- nent. Peut-être le monarque anglais aurait-il encore fait voile vers la Flandre, mais ce pays lui était fermé : les Flamands eux-mêmes avaient massacré « son compère » Jacques Arteveld, qu'ils accusaient, non sans fondement, de livrer leur or à l'Angleterre. Edouard III débarqua donc, sur les conseils du Normand Geoffroy d'Harcourt, à Saint-Vaast-la-Hougue, dans la presqu'île du Cotentin. Son expédition ne fut qu'une suite de victoires. Il prit Valognes, Cherbourg, Coutances, Saint-Lô, et parut de- vant Caen, « ville plus grosse que nulle d'Angleterre, hormis Londres. » Les bourgeois de cette cité résolurent de résister et marchèrent au-devant des Anglais. Mais dès qu'ils les aperçurent, ils furent si « effrayés et si décon- fits, » qu'ils revinrent aussitôt se cacher derrière leurs murailles. Après avoir rançonné Caen, Edouard s'avança vers la Seine, brûla Meulan, Saint-Germain, etc., puis se retira vers le nord, devant l'armée du roi de France. Il franchit la Somme au gué de Blanquetaque et occupa les hauteurs de Crécy. Philippe VI, qui le suivait, n'hésita pas à l'attaquer dans cette position avantageuse.

Reprise des hostilités entre la France et l'Angleterre.

Expédition d'Edouard III en France.

Les archers génois placés en tête de nos lignes ouvrent le combat, mais les cordes de leurs arbalètes ont été dé-

Bataille de Crécy. 1346.

trempées par la pluie, leurs traits manquent de vigueur, ils sont obligés de reculer. La fougueuse chevalerie française ne peut supporter un pareil spectacle; impatiente de se mesurer avec l'ennemi, elle se précipite en avant et massacre elle-même « toute cette ribaudaille » d'archers qui embarrasse sa marche. Cette manœuvre jette la confusion dans nos rangs, et les bruyantes détonations des bombardes anglaises, auxquelles les chevaux ne sont pas encore habitués, achèvent d'y mettre le désordre; la victoire est assurée à l'ennemi. Cependant, des deux côtés, l'on voit de beaux traits de courage. Ici, c'est notre allié, le vieux Jean l'Aveugle, roi de Bohême, qui se fait conduire plus avant dans la mêlée « pour avoir le bonheur de férir encore un coup. » Là, c'est le fils d'Edouard III, « qui gagne ses éperons et fait sien l'honneur de la journée. » Quant à la noblesse française, elle sut, par sa bravoure, expier sa témérité : plutôt que de reculer, elle se fit tuer sur place; 11 princes, 82 bannerets, 1,200 chevaliers, restèrent sur le champ de bataille (1346).

Siège de Calais, 1347.

Avant de repasser en Angleterre, Edouard III résolut de prendre Calais et fit le siège de cette ville. Mais le vainqueur de Crécy ne s'attendait pas à y rencontrer une si longue résistance. Ce ne fut, en effet, qu'après un an de luttes et de souffrances que cette place, abandonnée de Philippe VI et décimée par la famine, consentit à négocier avec les assiégeants. Vivement irrité contre les héroïques Calaisiens, Edouard demanda d'abord qu'ils se rendissent sans condition; puis, un peu calmé, il exigea seulement que six bourgeois allassent, « en chemise et la hart au col, » lui porter les clefs de la ville. Eustache de

Dévouement d'Eustache de Saint-Pierre.

Saint-Pierre, Jean d'Aire, Jacques et Pierre de Vissant, avec deux autres compagnons, acceptèrent volontairement cette mission, qui n'était pas sans péril. A leur vue, en effet, le roi s'écria en courroux : « Qu'on fasse venir le coupe-teste. » Mais la reine Philippe de Hainaut, profondément émue du sort de ces infortunés bourgeois, se jeta en pleurant aux pieds d'Edouard et obtint leur grâce par ses prières et ses larmes.

Libres de sortir de la ville avec leurs biens ou d'y demeurer sujets de l'Angleterre, les Calaisiens et Eustache de Saint-Pierre lui-même, qui n'avait pas craint d'exposer sa vie pour ses concitoyens, se firent Anglais ; à cette époque les limites de la patrie ne s'étendaient guère au delà des murailles de la ville natale. Calais devait demeurer jusqu'en 1558 aux mains des Anglais.

Philippe VI mourut en 1350. On lui reproche l'augmentation de la gabelle et l'altération des monnaies ; on lui doit l'acquisition de la seigneurie de Montpellier, qu'il acheta du roi de Minorque, et celle du Dauphiné, vendu aussi à la France par Humbert II, dauphin de Viennois, mais avec cette condition que désormais le fils aîné du roi porterait le titre de *Dauphin*. *Acquisition de Montpellier et du Dauphiné.*

Enfin, ce fut pendant le règne de ce prince (1348) que la France et plusieurs autres Etats de l'Europe furent ravagés par la *peste noire* ou *peste de Florence*, qui enleva, dit Froissard, « la tierce partie du monde. » *La peste noire.*

Jean II le Bon (1350-1364). — Les états généraux et Etienne Marcel. — Brave et chevaleresque, le fils de Philippe VI, Jean le Bon, établit *l'ordre de l'Etoile ;* brutal et colère, il fit décapiter le connétable Raoul de Nesles ; généreux jusqu'à la prodigalité, il dissipa sans profit les subsides que lui votèrent les états généraux de 1351. Pour avoir de nouvelles ressources il rappela les états en 1355. Ceux-ci, dans les rangs desquels on remarquait Etienne Marcel, prévôt des marchands de Paris, et l'ancien légiste Robert le Coq, évêque de Laon, lui accordèrent, pour l'entretien de trente mille hommes d'armes, des *aides* de cinq millions qui devaient être prélevées sous la surveillance de trois députés par bailliage, contrôlées à Paris par neuf autres députés, et laissées, jusqu'au moment de leur emploi, entre les mains des receveurs généraux. En retour, le roi s'engageait à ne plus altérer les monnaies, à réprimer les brigandages que les gens de guerre exerçaient contre les fermiers, etc. *Etats de 1355.*

Mais la Normandie et la Picardie, à l'instigation du roi de Navarre, Charles le Mauvais, et du comte d'Harcourt, se révoltèrent et refusèrent de payer la gabelle et les huit deniers pour livre sur les choses vendues, qui devaient former les aides de cinq millions. Alors Jean se *Révolte de la Normandie.*

rendit lui-même à Rouen et arrêta les auteurs de l'insurrection. Le comte d'Harcourt et ses complices furent décapités, et Charles le Mauvais fut jeté en prison. Geoffroy d'Harcourt, l'oncle du comte, pour le venger, rappela les Anglais.

Bataille de Poitiers. 1356.

Bientôt libre du côté du Nord, Jean marcha vers le Midi, au-devant du fils d'Edouard III, le célèbre *Prince Noir*, qui commandait en Guyenne. Les deux armées se rencontrèrent près de Poitiers. Le Prince Noir, qui n'avait qu'une poignée de combattants, se retrancha sur le mamelon de Maupertuis, et le roi de France, qui n'avait pas moins de 50,000 hommes, le cerna sur cette hauteur : c'en était donc fait des Anglais si Jean II avait eu un peu de patience ; au bout de quelques jours la famine les obligeait à se rendre. Mais cette façon de combattre et de remporter la victoire ne répondait point à l'humeur chevaleresque des Français, il fallait absolument tirer l'épée. Jean II lança donc sa cavalerie à l'assaut du mamelon, à travers un petit sentier raide et étroit ; mais les archers anglais, cachés derrière les haies et dans les vignes, mirent bientôt son armée en désordre. En dépit de son courage et des bons coups qu'il donna d'estoc et de taille, Jean fut vaincu, fait prisonnier avec quatre-vingts barons et conduit à Bordeaux, puis à Londres. Le Prince Noir se montra plein de respect pour son royal captif, il poussa la courtoisie jusqu'à le servir lui-même à table ; il lui suffisait de l'avoir vaincu sur le champ de bataille.

États de 1356.

La triste situation dans laquelle se trouvait alors la France détermina le dauphin Charles, lieutenant du royaume, à rappeler les états généraux (1356). Ceux-ci se réunirent donc à Paris pour la *langue d'oïl,* et à Toulouse pour la *langue d'oc.* Ceux de Paris, parmi lesquels reparurent la plupart des députés de 1355, comme Etienne Marcel, Robert le Coq, etc., établirent une *haute commission* de quarante membres, chargée d'examiner les demandes de la cour et les doléances ou plaintes de la nation.

Projet des hauts-commissaires.

Les hauts commissaires découvrirent les concussions des officiers du gouvernement et annoncèrent au Dauphin qu'à la prochaine séance ils demanderaient aux états la mise en accusation des ministres, la délivrance du Navarrais et l'établissement d'un conseil de trente-six membres, qui prendrait part à l'administration du royaume. Agir ainsi, c'était demander le pouvoir exécutif. Pour prévenir une révolution, le lieutenant ajourna les états, qui cependant ne se séparèrent qu'après avoir entendu lecture des doléances du peuple.

Les états du Languedoc affirmèrent, en votant des subsides, le droit de se réunir quand bon leur semblait, et ceux d'Auvergne, celui de surveiller l'emploi de l'impôt qu'ils votaient : c'était juste.

Le lieutenant du royaume, après avoir dépensé une partie de ces subsides avec son cousin, l'empereur Charles IV, dans les fêtes de Metz, rappela les états (1357), où figurèrent encore le prévôt des marchands Etienne Marcel et Robert le Coq Les doléances recueillies par les hauts commissaires furent redemandées par l'assemblée, expédiées dans les provinces pour être soumises à l'approbation du peuple, puis renvoyées à Paris et présentées au Dauphin par Robert le Coq. Dans ces actes, on demandait l'éloignement de vingt-deux ministres, l'établissement d'une commission permanente de douze députés de chaque ordre pendant les vacances des états, le droit pour ceux-ci de se réunir à leur gré, de déléguer dans les provinces des inspecteurs chargés de contrôler l'administration, etc.

Charles répondit aux vœux des états par l'ordonnance de mars (1357) Il reconnaissait qu'il y avait eu dans l'administration des finances des malversations, mais promettait d'accomplir avec la commission permanente les réformes demandées. Il supprimait les garennes, établies depuis quarante ans, s'engageait à faire rendre meilleure justice, à maintenir les droits des prévôts contre les empiétements des baillis et du parlement, à modérer les dépenses de la cour, à obliger ses conseillers à venir au palais dès le soleil levant, sous peine de perdre leurs gages, à ne plus acheter sans payer, etc Mais, à la nouvelle d'une trêve de deux ans signée à Bordeaux avec le Prince Noir, le Dauphin renonça aux aides, révoqua son ordonnance et congédia la commission permanente.

Cet échec rendit Etienne Marcel plus opiniâtre dans ses

projets de réforme et plus ardent dans la lutte contre la cour.

Sur ces entrefaites, un marchand de chevaux assassina le trésorier royal, qui refusait de lui payer une dette ; il fut pris et envoyé au gibet. Marcel aussitôt se porta pour son vengeur. Donc, pendant que Charles le Mauvais, récemment sorti de prison, ravageait les environs de Paris, le prévôt des marchands, escorté de ses partisans, qui se reconnaissaient au chaperon mi-parti rouge et bleu et à la devise : *A bonne fin*, se rendit à l'hôtel Saint-Paul, et là, sous les yeux du Dauphin, massacra les maréchaux de Champagne et de Normandie, auteurs du supplice du maquignon. Le Dauphin lui-même ne trouva d'abri que sous le chaperon de Marcel. Mais, peu après cette scène de carnage, Charles quitta l'hôtel de ville, où le prévôt l'avait enfermé sous la protection du peuple, et se retira à Compiègne. Marcel alors, abandonné des gens honnêtes et embarrassé de sa situation, voulut livrer Paris au roi

de Navarre. Mais au moment où il allait accomplir cette trahison, il fut assassiné par son compère, Jean Maillart, à la bastille Saint-Denis

La Jacquerie. — Traité de Bretigny (1360). —

Pendant que Marcel et ses partisans agitaient Paris, leurs alliés, ou plutôt leurs complices, Guillaume Caillet et ses cent mille paysans, ravageaient tout le pays compris entre la Seine et la Somme. Ces malheureux, que les nobles, leurs oppresseurs, surnommaient les *Jacques,* irrités par la souffrance et plus désireux de se venger que d'obtenir des libertés politiques, se précipitaient principalement sur les châteaux et y mettaient tout à feu et à sang. Cependant bientôt les nobles et les bourgeois s'unirent pour mettre fin à ces actes de brigandage : ils tuèrent 20,000 jacques sous les murs de Meaux et dispersèrent les autres.

Le roi de Navarre, Charles le Mauvais, sans appui sérieux après la destruction des jacques et la mort d'Etienne Marcel, fut aussi contraint de déposer les armes. Il signa la paix de Pontoise avec le Dauphin.

Jean le Bon, de son côté, pour rentrer dans son royaume, signa le traité de Londres avec Edouard III. Mais heureusement, ce honteux traité, qui démembrait la France, ne fut point accepté à Paris. Alors le roi d'Angleterre descendit de nouveau sur le continent. Il n'y fut point heureux ; un échec devant Reims, une tentative inutile sur Paris, la ruine de son armée par un épouvantable ouragan, la résistance opiniâtre qu'il trouvait même dans le peuple des campagnes (Guillaume aux Alouettes, le grand Ferré), tout cela le détermina à signer la paix de Bretigny (1360). Là, le Dauphin lui abandonna en toute souveraineté les anciens duchés de Guyenne et de Gascogne, Calais, le Ponthieu, etc., et lui promit trois millions d'écus d'or pour la rançon de son père.

Traité de Bretigny, 1360.

Jean le Bon, de retour en France, montra qu'il n'avait point profité de ses malheurs : il ne fit que des fautes. Ainsi, à la mort de Philippe de Rouvres, le dernier prince de la maison de Bourgogne, Jean, au lieu d'annexer son duché à la couronne, le donna en apanage à son propre fils, Philippe le Hardi. Heureusement il quitta bientôt la France. A la nouvelle que son fils, le duc d'Anjou, qu'il avait laissé en otage en Angleterre, s'était évadé, il alla se constituer prisonnier à sa place, disant : « Si la bonne foi était bannie du reste de la terre, on devrait la retrouver dans le cœur des rois. » En réalité, Jean II obéissait à des sentiments qui n'avaient rien de chevaleresque, il allait chercher en Angleterre des plaisirs qu'il y avait trouvés pendant sa première captivité, mais au bout de trois mois de jouissances il trouva la mort (1364). La France, débarrassée de cet homme qui lui avait coûté si cher, eut enfin le bonheur d'avoir un véritable roi.

Fondation de la seconde maison de Bourgogne.

Charles V le Sage (1364-1380). — Du Guesclin. — Guerres. — « Charles, dit Christine de Pisan, était de corsage hault et bien formé, avait le visage de bon tour, un peu longuet, grand front et large, » mais il était d'une constitution maladive. Pieux et sobre, affable et libéral, calme et réfléchi, aimant les clercs ou lettrés, estimant la sapience, doué d'un fonds de ruse et de prudence que l'expérience avait développé, Charles, quoique peu chevaleresque et peu courageux même sur le champ de bataille, mérita bien le surnom de *sage*. Il fut juste-

Portrait de Charles V.

ment comparé à l'araignée : du fond de son palais, où il dressait ses plans, il donnait fort à faire aux Anglais. Mais il fut heureux de rencontrer du Guesclin.

Bertrand du Guesclin naquit en 1314, à Broons (Côtes-du-Nord). Enfant, il n'était remarquable que par sa brutalité et sa laideur ; il n'y avait pas de plus mauvais garçon au monde ; il était toujours armé d'un bâton, toujours battant ou battu. Célèbre pour avoir désarçonné quinze chevaliers dans un tournoi et fait une guerre sans merci aux Anglais, il fut mandé à Paris par Charles V, qui lui confia la direction de la guerre. Clisson, Renty, Boucicault, mirent également leur épée au service de la France.

A la tête de l'armée royale, du Guesclin, par son habileté stratégique, remporta sur Charles le Mauvais et son auxiliaire Jean de Grailli, captal de Buch, la victoire de Cocherel (Eure). Il prit même par ruse le captal. C'étaient là les « étrennes de la nouvelle royauté. » Le Navarrais fut alors obligé d'échanger Meulan et Mantes contre Montpellier.

La guerre de Bretagne, illustrée par le combat des trente Bretons de Beaumanoir contre les trente Anglais de Bramborough ou Chêne de mi-voie, entre Josselin et Ploërmel (1351). n'était pas encore terminée. Edouard III et Charles V voulurent en finir avec les affaires de cette province. Edouard envoya donc Jean Chandos au secours de Montfort, et le roi de France confia à du Guesclin la cause de Charles de Blois. La bataille s'engagea près d'Auray (1364) ; Charles de Blois y perdit la vie, et du Guesclin la liberté. Le traité de Guérande (1365) laissa la Bretagne à Montfort et donna à Jeanne la Boiteuse la vicomté de Limoges et Penthièvre.

Le prince Henri de Transtamare engageait Charles V à punir les forfaits de Pierre le Cruel, meurtrier de sa propre femme, qui était sœur de la reine de France. Du Guesclin, délivré de prison, après avoir rançonné le pape à Avignon, passa en Espagne avec les *grandes compagnies*, dont on voulait se débarrasser. La défection de ces troupes et l'appui donné par le Prince Noir à Pierre le Cruel amenèrent la défaite de Navarette (1367) et la captivité de du Guesclin. Mais, délivré encore grâce à la générosité du

Jeunesse de du Guesclin.

Victoire de Cocherel, 1364.

Combat des Trente, 1351.

Bataille d'Auray, 1364.

Traité de Guérande, 1365.

Guerre de Castille.

Défaite de Navarette, 1367.

Prince Noir et des femmes de France, le chevalier breton repassa en Espagne et défit Pierre le Cruel à Montiel (1369). Henri de Transtamare tua son frère, prit sa place et devint l'allié de la France.

Pour faire la guerre en Castille, le Prince Noir avait rançonné les villes de la Guyenne ; celles-ci se plaignirent au roi de France de cette oppression. Charles V cita son vassal à comparaître devant lui. Le Prince Noir répondit qu'il irait à Paris, bassinet en tête, avec 60,000 hommes. Alors Charles V, de l'avis des états généraux, recommença les hostilités contre l'Angleterre ; mais, adoptant un nouveau système de guerre, il recommanda à ses généraux de défendre les villes, de harceler l'ennemi et de ne point livrer de grandes batailles. Cette tactique réussit : les Anglais, « malgré toutes leurs fumeries, » ne chassèrent point Charles V de son royaume.

Jean Chandos périt dans un combat au pont de Lussac ; les bandes de Knolles furent défaites par du Guesclin à Pont-Valain (Sarthe) et à Chizé (Deux-Sèvres) ; la flotte de Pembroke fut vaincue par la flotte castillane dans les eaux de la Rochelle. Les armées du duc de Lancastre et du Prince Noir furent décimées autant par les souffrances que par les coups de l'ennemi. Fatigués, les Anglais signèrent la trêve de Bruges, qui ne leur laissait sur le continent que Calais, Cherbourg, Brest et Bordeaux.

Alors les héros de cette guerre purent mourir tranquillement. Le Prince Noir, que l'on appelait ainsi à cause de la couleur de son armure, succomba, dès 1376, à une douloureuse maladie ; son père Edouard III, que rongeaient de noirs chagrins, ne lui survécut qu'un an.

Du Guesclin touchait aussi au terme de sa carrière. Une fois la paix de Bruges signée, Charles V, pour châtier la Bretagne des sympathies de son duc pour les Anglais, fit prononcer par la cour des pairs sa confiscation au profit de la couronne de France, et voulut envoyer du Guesclin la forcer à se soumettre à cette sentence de mort. Mais le noble Breton aima mieux rendre son épée de connétable au roi que de la tirer contre ses compatriotes Charles V, respectant ses sentiments, n'insista pas et l'envoya en Auvergne. Du Guesclin mourut au siège de Châteauneuf-

Mort de du Guesclin et de Charles V. 1380.

Randon, dans cette province (1380). Le gouverneur lui avait promis de se rendre s'il ne recevait pas de secours à jour fixé ; fidèle à sa parole, il vint déposer les clefs de la place sur son cercueil. Charles ne pouvait plus vivre privé de son fidèle connétable ; la même année, il alla le rejoindre à Saint-Denis, où il avait fait placer ses restes à côté de ceux des rois.

Gouvernement. — Charles V, en dirigeant du fond de son palais les opérations militaires, ne négligea point l'administration. Mais pour accomplir ses réformes il ne se servit point des états généraux, il en avait gardé un trop triste souvenir ; il aima mieux pour cela prendre conseil de quelques notables et surtout de ses ministres, Bureau de la Rivière, le cardinal et le chancelier de Dormans, Philippe de Savoisy, etc. Une fois seulement, en 1369, Charles réunit les états généraux et en tira un bon

Etablissement des aides.

parti. Les états, en effet, lui votèrent des subsides qui devaient être prélevés sur les marchandises, les denrées et les spiritueux surtout ; il se contenta de ce vote et rendit cet impôt permanent sous le nom d'*aides ordinaires*. Mais, en retour, il disposa de ce revenu avec une sage économie, n'altéra plus les monnaies, abolit le droit de pourvoirie, etc.

Réformes financières.

Charles V tint aussi compte des vœux exprimés par les états de 1355 et de 1356, relativement à la répartition et au prélèvement de l'impôt. Ces assemblées avaient décidé que des commissaires généraux nommés par elles lèveraient les subsides qu'elles voteraient, avec l'assistance de sous-commissaires qu'ils choisiraient eux-mêmes.

Origine des pays d'élection et des pays d'état.

Charles conserva ces commissaires, appelés bientôt receveurs, contrôleurs ou trésoriers *généraux*, ainsi que les sous-commissaires, que l'on appelait *élus*. Mais au lieu de laisser la nomination des sous-commissaires au choix des receveurs généraux ou des paroisses, il les nomma lui-même. Ces officiers royaux conservèrent néanmoins le nom d'*élus ;* la circonscription territoriale où ceux-ci exerçaient leurs fonctions porta le nom d'*élection*, et celle plus grande, qu'administraient les *receveurs généraux*, prit le nom de *généralité de pays d'élection*.

Les provinces qui ne furent point soumises à ce système administratif furent appelées *pays d'Etat* (Toulouse, Montpellier et plus tard le Dauphiné, la Bourgogne et la Bretagne) : ici, les états provinciaux fixaient eux-mêmes le chiffre de l'impôt et en réglaient le mode de perception.

Les *receveurs généraux*, ou simplement *généraux de finances*, n'eurent pas tous les mêmes attributions. Les *généraux* « pour le fait des finances » devaient répartir l'impôt dans toute la généralité et en faire la perception, et les *généraux* « pour le fait de la justice » étaient chargés de juger en dernier ressort le contentieux financier ; mais ce droit leur était contesté par le parlement. De la première catégorie de ces généraux sortira, sous Henri III (1577), le *bureau des finances*, et de la deuxième, sous Charles VII, la *cour des aides*. Les receveurs généraux ou trésoriers généraux devaient faire leurs versements à Paris, dans la caisse du receveur général des finances.

Les receveurs généraux.

Charles V montra, par ces réformes, son esprit d'ordre et d'économie. Malheureusement, pressé par le besoin d'argent, il ne sut pas garder dans toutes une sage mesure. Ne se contentant pas de vendre des titres de noblesse, des chartes municipales, il obligea ses sujets à se fournir de sel aux greniers de l'Etat, et pour n'avoir plus à rétribuer les juges, il leur permit de garder les amendes qu'ils imposaient. Il fut mieux inspiré dans ses autres réformes, par exemple quand il rendit permanentes les sessions du parlement et qu'il déclara que tous les tribunaux seraient présidés par un de ses officiers, afin que partout la justice fût rendue en son nom.

Réformes judiciaires.

Pour être le maître de l'armée, il se réserva le droit de nommer les capitaines et les chefs des garnisons qu'il permettait aux seigneurs d'entretenir dans les forteresses utiles à l'Etat. Il prit soin surtout de ne verser la solde des troupes qu'après s'être assuré par ses inspecteurs que les cadres étaient bien remplis. En outre, il créa une *maréchaussée* pour maintenir l'ordre ; avec le concours de son amiral Jean de Vienne il organisa même une marine, et, pour favoriser le commerce, il permit aux étrangers de venir dans nos ports.

Réformes militaires.

Les lits de justice. Enfin, Charles V fixa à *treize ans la majorité des rois* et créa les *lits de justice,* assemblée solennelle du parlement dans laquelle le chancelier, au nom et en présence du roi assis sur un trône garni de coussins, lisait l'édit que les magistrats devaient enregistrer au rang des lois, et cela *sans faire de remontrances.*

Ce roi, qui chassa les Anglais et accomplit tant de réformes, trouva encore des loisirs pour étudier l'astrologie avec Thomas de Pisan, l'agriculture avec Jean de Brie, l'auteur du *Vrai régime et gouvernement des bergers et des bergères,* pour faire traduire la Bible, saint Augustin, Aristote, Tite-Live, et réunir neuf cents volumes au Louvre.

Paris au XIVᵉ siècle. — Depuis le règne de Philippe Auguste, Paris s'était considérablement agrandi. Les espaces laissés vides alors entre la ville et les fortifications s'étaient couverts d'édifices. Etienne Marcel avait été obligé de reculer les murs d'enceinte du côté du nord, pour enfermer le château du Louvre. Ces murs, flanqués de tourelles (bastilles Saint-Antoine, Saint-Denis, etc.), « avaient fossés et pièces de canon. » Les trois grands quartiers de la ville étaient : la Cité, dans l'île formée par la Seine, puis Outre-Petit-Pont et Outre-Grand-Pont. Ces quartiers étaient coupés par quatre cents rues encore souvent inondées, et peuplées de 300,000 habitants. Pour assainir ces rues, Charles V et le prévôt des marchands, Aubriot, firent creuser un grand canal qui se rendait à la Seine ; pour donner l'idée et le goût des belles constructions, ils ajoutèrent à celles qui existaient déjà, mais en très petit nombre (Notre-Dame, les collèges de Navarre, de Montaigu), le portail de Saint-Germain l'Auxerrois, Saint-Etienne du Mont, les hôtels de Saint-Paul (résidence de Charles V), de Cluny, de la Trémoille, etc., et, pour contenir la population si remuante de la capitale, ils élevèrent la Bastille et le Petit-Châtelet. Enfin, par leurs soins encore furent construits de nouveaux quais sur la Seine, et partout furent établies de nouvelles fontaines.

Les deux principaux représentants de l'autorité dans Paris étaient le prévôt du roi et le prévôt des marchands.

Le prévôt du roi commandait l'armée, levait l'impôt et rendait la justice. Il résidait au Grand-Châtelet. Le prévôt des marchands, élu pour deux ans par les bourgeois de Paris, résidait dans la maison aux Piliers, place de Grève ; il était chargé de l'administration municipale (justice, police, etc.). Au même lieu se tenait le parloir aux bourgeois, où l'on jugeait les affaires commerciales des membres de la *hanse* parisienne.

Dès cette époque Paris était plein de bruit et de mouvement. On voyait circuler en tous sens, à travers ses rues étroites, et se heurter partout des gens de cour, des hommes d'Eglise, des magistrats, des commerçants (vastes halles, vingt ports sur la Seine) et des étudiants turbulents, qui profitaient trop souvent de leurs privilèges pour donner l'alerte aux gens du guet et troubler le repos des bons bourgeois ; on entendait les agents qui publiaient le ban du roi ou les décès ; les fripiers et les petits marchands, qui ne cessaient de « braire du matin au soir : Volailles, légumes frais, harengs, etc. » Les recommandations pressantes de ne pas jurer, mentir, s'enivrer, que les prédicateurs du temps adressaient aux femmes, nous en disent assez sur les mœurs de cette population.

Alors, comme de nos jours, des idées d'indépendance fermentaient dans la tête des Parisiens. Plus d'une fois, dans le cours du XIVᵉ siècle, les nombreuses corporations bourgeoises de la ville, si puissantes sous la direction du prévôt des marchands, des quatre échevins, des vingt-quatre notables et des syndics, firent trembler les rois. Un jour, c'est Philippe le Bel qui est obligé de chercher asile derrière les épaisses murailles du Temple ; une autre fois, c'est le lieutenant général du royaume, le dauphin Charles, qui se voit contraint de se réfugier sous le chaperon de ses propres ennemis ; ce sont enfin les régents ou tuteurs du jeune Charles VI qui sont forcés de capituler devant les terribles Maillotins. Entre ces drames sanglants, qui, avec la peste noire, bouleversent si profondément Paris, des intermèdes tantôt amusants et gais, comme les tournois, les fêtes religieuses, l'entrée d'Isabeau de Bavière, tantôt lugubres, comme le supplice de Jacques Molay, d'Enguerrand de Marigny, de Raoul, comte d'Eu, de Jean

Desmarets, et les noyades de Maillotins, récréent les regards du peuple mobile, toujours en attente de spectacles variés et d'impressions nouvelles. Les Armagnacs et les Bourguignons vont bientôt venir à leur tour repaître sa curiosité.

IIIe LEÇON

ALLEMAGNE. — AVÈNEMENT DES HABSBOURG. — AFFRANCHISSEMENT DE LA SUISSE. — LA BULLE D'OR. — LA HANSE.

Avènement des Habsbourg (1273). — On appelle *grand interrègne* cette période qui s'écoula de la mort de Frédéric II (1250) à l'avènement de Rodolphe de Habsbourg (1273). Durant ce temps on ne vit, en effet, passer sur le trône impérial que des fantômes d'empereurs, comme Guillaume de Hollande, Richard de Cornouailles et Alphonse de Castille. Cette époque fut pour l'Allemagne une époque d'anarchie. Les princes et les villes libres, dont la prospérité commerciale était compromise par cet état de choses, s'unirent ensemble pour assurer la liberté des routes et des fleuves (confédération des villes du Rhin), tandis que les royaumes d'Arles, de Pologne et de Hongrie profitèrent de la vacance du trône pour se soustraire à la suzeraineté de l'Empire.

Pressés par le pape, les électeurs se décidèrent enfin à nommer un empereur. Leurs suffrages tombèrent sur Rodolphe de Habsbourg, pauvre, mais brave et loyal chevalier, qui vivait paisiblement au milieu de sa nombreuse famille dans ses domaines d'Argovie (Suisse). Rodolphe, au grand désappointement des princes allemands, renversa leurs forteresses, devenues inutiles, et leur reprit les droits régaliens. Ottocar, roi de Bohême, prétendait échapper au sort des autres princes. « Que me veut Rodolphe, dit-il aux envoyés de l'empereur, qui l'invitait à se soumettre ; il a été mon écuyer, ne lui ai-je pas payé ses gages ? » Le fier Ottocar expia ces insolentes paroles. Rodolphe, en effet, marcha contre lui, le défit et le tua à la bataille de Marchfeld (1278), et enleva à son fils l'Autriche, la Styrie, la Carinthie et la Carniole, qui devinrent les domaines héréditaires de la maison d'Autriche ou de Habsbourg. *[Défaite d'Ottocar à Marchfeld, 1278.]*

A la mort de Rodolphe (1291), sa famille était si puissante que les électeurs ne voulurent point donner la couronne à Albert, son fils. Mais celui-ci écrasa à Gelheim son compétiteur, Adolphe de Nassau, et se fit donner le trône. Il l'occupa peu de temps. *[Albert Ier, 1291-1308.]*

Détesté de ses sujets, Albert Ier tomba au passage de la Reuss, sous le glaive de son neveu, Jean de Souabe, lorsqu'il marchait contre les Suisses. « Reçois le prix de l'injustice ! » s'écria Jean en portant le coup mortel à son oncle qui détenait ses biens Ce jeune meurtrier porta depuis le surnom de Jean *le parricide*.

Affranchissement de la Suisse. — Après avoir fait partie du royaume d'Arles ou de Provence, la Suisse était devenue terre immédiate de l'Empire. Au xive siècle elle était partagée en plusieurs Etats : Bâle, Zurich, Berne, etc., étaient villes impériales, les cantons montagneux de Schwitz, d'Uri et d'Unterwalden formaient de petites républiques dans lesquelles l'empereur était représenté par des baillis ou avoyers. Rodolphe de Habsbourg se souvint qu'il devait le jour à l'Helvétie et ne lui fit sentir son autorité que par sa bienveillante protection. Loin d'imiter la conduite de son père, pour faire de cette contrée un Etat qu'il destinait à l'un de ses fils, Albert Ier ordonna à ses baillis de soumettre les habitants des régions alpestres au même régime que ses vassaux d'Argovie. Mais les montagnards n'étaient point disposés à faire le sacrifice de leur antique liberté ; ils voulaient bien relever de l'Empire, mais non de la maison d'Autriche. La colère gronda d'abord sourdement dans leur cœur, puis finit par éclater. A en croire la légende, qui remplace ici l'histoire, la tyrannie de Gessler, bailli d'Altorf, le plus inso- *[Tyrannie de Gessler.]*

lent de tous les proconsuls impériaux provoqua l'explosion.

Le serment du Grütli.

Trois paysans, Werner Stauffacher, Walter Furst et Melchthal, qui avaient été victimes des caprices de ce bailli, organisèrent un complot. Habitant l'un Schwitz, l'autre Uri et le troisième Unterwalden, et connaissant parfaitement les hommes de leur canton, ils en choisirent dix chacun de ceux qui avaient le plus à se plaindre de Gessler, et leur donnèrent rendez-vous, pour la nuit du 17 novembre 1307, sur le Grütli, promontoire avancé du lac de Lucerne. Les trente conjurés arrivèrent à l'heure fixée sur ce rivage solitaire. Là, dans le silence de la nuit, sous le regard des étoiles, en présence des flots et des monts, ils firent serment de défendre jusqu'à la mort leur pays, leurs femmes et leurs enfants, contre la violence du bailli, mais déclarèrent qu'ils respecteraient les droits du comte de Habsbourg. Le jour de l'insurrection générale fut fixé au 1er janvier de l'année 1308. Gessler ne vécut point assez longtemps pour en être témoin ; il tomba auparavant dans le chemin creux de Kussnacht, sous les traits vengeurs de Guillaume Tell.

Insurrection de la Suisse.

La mort de Gessler ne désarma point les conjurés. Les armées des trois cantons ligués levèrent leurs bannières au jour marqué, et marchèrent à l'assaut des forteresses élevées par l'Autriche sur le sol libre de leur pays. Une jeune fille de la Suisse ouvrit elle-même à ses compatriotes l'entrée de la citadelle du Rossberg. A Sarnem, les paysans se chargèrent de poules et de moutons et se présentèrent ainsi à leur seigneur au moment où il se rendait à l'église. Celui-ci, croyant que ces braves gens venaient simplement lui apporter le tribut du nouvel an, les invita à entrer au château et à y attendre son retour. Les paysans franchirent aussitôt la porte de la forteresse, la fermèrent, tirèrent les armes qu'ils avaient cachées sous leurs vêtements et firent la garnison prisonnière. Partout l'insurrection fut victorieuse.

Après Albert Ier (✝ 1308), l'archiduc Léopold, son fils, marcha contre les Suisses, pendant que Frédéric, également fils d'Albert, disputait le trône impérial à Louis de Bavière. Mais Léopod, à la tête de vingt mille chevaliers bien équipés, fut arrêté et vaincu dans les défilés de Morgarten par quinze cents montagnards, qui n'étaient armés que de bâtons ferrés (1315). Enfin, les Suisses affermirent leur indépendance par les victoires de Sempach (1386) et Nœfels (1388). A Sempach, raconte la tradition, l'armée autrichienne n'offrait qu'un front hérissé de lances. Alors Arnold de Winkelried, pour ouvrir une brèche à ses compagnons, marcha en avant, étendit les bras et ramena en face de sa poitrine toutes les lances qu'il put saisir. Il tomba aussitôt criblé de coups, mais une trouée était faite dans les lignes ennemies, les Suisses s'y précipitèrent et firent un grand carnage d'Autrichiens.

Victoires des Suisses à Morgarten, 1315, à Sempach, 1386, et à Nœfels, 1388.

L'exemple des montagnards entraîna les habitants des plaines à secouer aussi le joug de l'Autriche. Vers 1415, le comté de Habsbourg lui-même et les autres domaines de la maison d'Autriche en Helvétie furent rattachés à la confédération. A cette époque, la Suisse se composait des neuf cantons suivants : Schwitz, Uri, Unterwalden, Lucerne, Zurich, Glaris, Zug, Berne et Appenzell.

Confédération suisse.

L'empereur Louis V de Bavière et le pape Jean XXII. — A la mort d'Albert Ier, Henri VII de Luxembourg (1308-1313) fut nommé empereur. Il passa en Italie pour rétablir sur ce pays les droits de l'Allemagne, qu'avait sacrifiés Rodolphe de Habsbourg. Ses revendications furent vaines ; il ne reçut que des humiliations. Quand il mourut, les électeurs lui donnèrent deux successeurs ; mais Louis V de Bavière triompha à Mühldorf (1322) de son compétiteur Frédéric, fils d'Albert Ier. Cependant, comme il s'était proclamé *roi des Romains* [1] sans l'assentiment du pape, il ne fut point universellement reconnu, et il trouva un nouveau rival dans Robert le Savant, roi de Naples. Alors Louis V, soutenu dans ses idées d'indépendance à l'égard du saint-siège par les franciscains, par les juristes Guillaume Occam et Marsile de Padoue, marcha sur l'Italie, déposa le pape Jean XXII, alors à Avignon, et

Henri VII de Luxembourg, 1308-1313.

Louis de Bavière.

Lutte de l'empereur contre le saint siège.

---

[1] Voyez xxe Leçon, *Etat de l'Europe en 1610, Allemagne,* la signification de ce nom et les autres institutions de l'Empire.

nomma à sa place le franciscain Pierre de Corbière (Nicolas V). Mais abandonné même de sa créature, et chassé par les Italiens à cause de sa cupidité, il repassa en Allemagne.

Bientôt, fort des principes émis par la diète de Rens, il déclara à Francfort, dans une sorte de pragmatique, qu'on devait croire et enseigner, sous peine du crime de lèse-majesté, que la *dignité impériale émanait de l'élection et non de la volonté du pape.* Néanmoins Clément VI, successeur de Jean XXII, gagna les électeurs, qui déposèrent Louis de Bavière et le remplacèrent par le fils de Jean l'Aveugle, Charles IV, déjà roi de Bohême. La guerre civile allait éclater, lorsque Louis V mourut.

Charles IV de Luxembourg (1347-1377). — La bulle d'or (1356).

— Charles IV étendit l'autorité impériale sur le Brandebourg, la Lusace, etc., vendit des lettres de noblesse, affranchit, moyennant finance, les petits seigneurs de l'autorité de leurs suzerains, pour les placer sous sa juridiction immédiate, alla se faire couronner à Rome, et sacrifia, pour de l'argent, les droits de l'Empire sur les villes d'Italie; il aurait vendu l'Empire lui-même, s'il avait trouvé un acheteur. Cependant on doit lui savoir gré d'avoir employé une partie de ses trésors à embellir Prague de monuments (Université), et à ouvrir en Bohême des voies de communication. Mais l'acte le plus important de son règne est la *bulle d'or.*

La bulle d'or.

On appelait ainsi un règlement concernant l'élection du *roi des Romains*, rédigé par le jurisconsulte Barthole, revêtu d'un sceau d'or, approuvé par la diète de Nuremberg et confirmé par l'empereur à Metz (1356). Aux termes de cette constitution, qui fut en vigueur en Allemagne jusqu'en 1806, étaient investis des titres d'électeur et autres : 1° l'archevêque de Mayence, archichancelier du royaume de Germanie; 2° l'archevêque de Cologne, archichancelier d'Italie; 3° l'archevêque de Trèves, archichancelier du royaume d'Arles ; 4° le roi de Bohême, grand échanson ; 5° le comte palatin du Rhin, grand sénéchal et vicaire de l'Empire, pendant la vacance du trône, pour les provinces de droit français ; 6° le duc de Saxe, grand maréchal et vicaire de l'Empire pour les pro-

Les sept électeurs.

vinces de droit saxon ; 7° le margrave de Brandebourg, grand chambellan. Ces électeurs jouissaient de tous les droits régaliens (justice, impôt, monnaie), sauf du droit de guerre. Pour les laïques, à leur mort, leur fils aîné héritait de l'électorat, devenu indivisible, et de la dignité qui y était attachée. Leurs droits.

Le roi des Romains devait être élu à Francfort-sur-le-Mein et sacré empereur à Aix-la-Chapelle par l'archevêque de Cologne. La bulle ne parlait ni des droits de l'empereur sur l'Italie ni de ceux du pape sur l'élection. Son principal résultat fut de consacrer l'indépendance des princes et la division des peuples de l'Allemagne.

Le fils et successeur de Charles IV, Wenceslas l'Ivrogne (1378-1400), ne fut célèbre que par ses vices et ses cruautés. Tyran soupçonneux, il fit jeter dans la Moldau saint Jean Népomucène, qui refusait de lui révéler la confession de l'impératrice. Au jugement de Voltaire, c'était une bête féroce qu'il fallait enchaîner ; c'est ce que l'on fit. Mais peu après, Wenceslas s'évada de sa prison. Wenceslas l'Ivrogne, 1378-1400.

Son successeur, Robert de Bavière (1400-1410), n'eut qu'un règne sans importance. A sa mort, Sigismond, frère de Wenceslas, fut appelé au trône impérial avec Josse de Moravie ; il y eut alors *trois papes* et *trois empereurs*. Mais Sigismond triompha de son rival et de son frère, et demeura seul empereur (1411-1477). Sigismond.

La hanse. — La hanse était une association formée entre quatre-vingts grandes villes, dans un but d'intérêt commercial. Elle exploitait en effet les mines, faisait la pêche, transportait les productions agricoles et industrielles. Elle avait, pour maintenir l'ordre et assurer la sécurité des routes, des vaisseaux construits à frais communs et montés par les soldats que les villes de l'association devaient fournir ; de plus, elle avait à son usage un papier-monnaie qui était reçu en paiement dans tous ses comptoirs. But de la hanse.

Lubeck et Hambourg s'étaient unies les premières ; puis s'étaient jointes à elles les villes de la mer du Nord et de la Baltique : Ostende, Bruges, Cologne, Amsterdam, Brême, Stralsund, Riga, Nowogorod, etc., et enfin celles Villes hanséatiques.

de l'Atlantique et de la Méditerranée : Dunkerque, Rouen, Saint-Malo, Bordeaux, Lisbonne, Cadix, Marseille, Naples. La hanse était partagée en quatre sections administratives, dont les centres étaient : Lubeck, Cologne, Brunswick et Dantzig ; c'était dans ces villes que se tenait l'assemblée annuelle des députés de la section, et à Lubeck que se réunissaient les députés de toute la ligue. Un Lubeckois seul pouvait faire fonction de greffier dans les comptoirs de la hanse.

IVe LEÇON

DÉCLIN DU MOYEN AGE. — COMMENCEMENT DE LA RENAISSANCE EN ITALIE, DANTE, GIOTTO, PÉTRARQUE. — LA POUDRE A CANON, LA BOUSSOLE, LE PAPIER. — LES PAPES A AVIGNON. — LE GRAND SCHISME D'OCCIDENT. — WICLEF EN ANGLETERRE. — AGITATIONS EN EUROPE.

Déclin du moyen âge. — Au moyen âge, la religion chrétienne était l'inspiratrice et le but de toutes les grandes entreprises ; les guerres, les lettres et les arts étaient son œuvre. Elle armait le bras des chevaliers pour la croisade, elle tournait toutes les intelligences d'élite vers l'étude de ses dogmes mystérieux, elle faisait surgir ces cathédrales qui sont encore aujourd'hui les merveilles de l'architecture. Mais déjà la religion a perdu de son heureuse influence, le séjour de Clément V et de ses successeurs à Avignon, avec le grand schisme d'Occident, ont terni l'auréole que les peuples voyaient briller au front de ses pontifes ; l'ambition et des intérêts matériels sont l'unique motif des guerres sans fin qui déchirent l'Europe ; les lettres profanes, conservées à l'ombre du cloître, sont étudiées avec autant de passion que la théologie, et des esprits audacieux (Wiclef, J. Huss), secouant l'autorité de l'Eglise et de la tradition, jettent déjà dans le sein de la chrétienté le germe des hérésies du XVIe siècle : la peinture et la sculpture, tout en gardant encore leur caractère religieux, ne manquent point à l'occasion de mettre en relief les vices que le relâchement de la règle a laissés se glisser dans quelques monastères. De plus, les découvertes nouvelles contribuent largement à introduire dans la société de nouvelles mœurs. La découverte de la poudre à canon change les habitudes de la guerre ; celle de la boussole engage les navigateurs à s'élancer hardiment dans des chemins jusqu'alors inconnus ; tout annonce l'apparition de l'esprit moderne.

Commencement de la renaissance en Italie. — Dante (1265-1321). — Le retour à l'étude des littératures anciennes, à l'imitation des monuments du paganisme, commença d'abord en Italie. Les chefs-d'œuvre des écrivains de Rome et d'Athènes, qui n'avaient jamais été complètement ignorés des esprits cultivés, furent alors partout recherchés et soigneusement étudiés. Plus sages que leurs successeurs, les premiers écrivains italiens choisirent seulement dans les trésors de l'antiquité des ornements et des constructions propres à donner plus de grâce et plus de clarté à leurs pensées ; mais ils n'oublièrent point leur langue maternelle pour ne parler que celle de Virgile, ils ne préférèrent point aux idées chrétiennes les fables de la Grèce. En restant dans ces limites, Dante, Pétrarque et Boccace, brillant triumvirat, qui dirigea, au XIVe siècle, la république des lettres, formèrent la langue de l'Italie et engendrèrent des chefs-d'œuvre qui ont donné à leur nom une gloire impérissable.

Dante Alighieri naquit à Florence, en 1265, de parents guelfes. Il reçut d'abord les leçons de Brunetto Latini, auteur d'un livre intitulé *le Trésor de toutes choses*, puis étudia aux universités de Bologne et de Padoue. Témoin, dans sa jeunesse, des grâces enfantines, des nobles manières, de la grave et douce conversation de Béatrice ou Bice, il conçut pour elle un amour idéal qu'il conserva toute sa vie, et chanta cette jeune enfant dans la *Vita Nuova* (1291), avec des accents qui révélaient une âme ardente et sensible, passant du plus vif enthousiasme à la plus suave mélancolie. Mais la poésie n'occupait que ses loisirs, il consacrait la meilleure partie de ses jours à ses devoirs de citoyen. Guelfe ardent, il combattit, à Campaldino, les Gibelins d'Arezzo, se mêla aux luttes que se livrèrent, dans Florence même, sous les noms de *Noirs* et de *Blancs*, les Guelfes, demeurés maîtres de la cité. Dévoué à la faction des *Blancs*, et conséquemment à l'empereur, dont il soutint même toutes les prétentions dans son traité *de Monarchia*, Dante travailla à expulser de Florence Charles de Valois, que les *Noirs* et Boniface y avaient appelé, prit part ensuite à l'ambassade envoyée inutilement à Rome pour apaiser le pontife irrité, puis, de retour dans sa patrie, siégea dans la *seigneurie* [1]. Mais, en 1300, les *Noirs* obtinrent la prépondérance et bannirent leurs principaux ennemis ; Dante et le père de Pétrarque étaient au nombre des proscrits.

La poésie, que Dante, soldat, ambassadeur et magistrat, avait toujours aimée, fit encore sa consolation dans son exil. Comme autrefois le vieil Homère, le poète italien s'en alla errant de ville en ville, chantant et mendiant le pain que l'ingrate Florence lui refusait : « J'étais vraiment, dit-il, comme un navire sans voiles et sans gouvernail, poussé de port en port, de rivage en rivage, par le vent aride qu'exhale la douloureuse pauvreté » Tour à tour Sienne, Padoue, Pavie, Vérone, lui donnèrent asile. Il mourut à Ravenne en 1321.

L'ouvrage qui a immortalisé le nom de Dante, c'est la *Divine Comédie*. On donne à ce poème le nom de *comédie*, soit parce que le ridicule s'y mêle au tragique, soit parce qu'il est écrit dans le style qui convient à la comédie, tel que le définit Dante lui-même dans son traité *De vulgari eloquentia*, où il distingue trois sortes de styles : le style de la comédie, celui de la tragédie et celui de l'élégie. Cette *comédie* fut dite *divine* parce que le sujet en est religieux et que son dénouement est la vision béatifique.

Ce poème se divise en trois parties ; l'Enfer, le Purga-

---

1 Conseil exécutif de six membres élus par le peuple, sous le nom de prieurs des métiers et de la liberté.

toire et le Paradis. Au début de sa vision, le poète est dans une forêt sauvage, une bête féroce le poursuit (allusion aux discordes de Florence et aux ennemis du poète); mais Béatrice, « appelée dès 1290 au sein de la gloire par le Seigneur de justice, » le délivre, le confie aux soins de Virgile, qui le guide à travers l'enfer et le purgatoire, puis l'introduit elle-même au ciel et le conduit au pied des trônes de Dieu le père, de Jésus-Christ et de la vierge Marie. En traversant ces régions qu'il dépeint, Dante retrouve les grands personnages des temps anciens, et surtout ses contemporains : pour les juger et leur assigner une place dans ce monde invisible, le poète n'a pas d'autres règles que ses caprices.

La *Divine Comédie* est une véritable encyclopédie: elle renferme toutes les connaissances du xive siècle en théologie, en histoire, en philosophie, etc.; elle respire tous les sentiments du poète, son amour et sa haine, sa religion et son patriotisme, son enthousiasme et sa mélancolie ; elle est semée de pensées élevées, de descriptions magnifiques, comme le tableau du bonheur des élus, les portraits de saint Dominique, de saint Thomas d'Aquin et de saint François ; enfin on y rencontre des épisodes tragiques, comme le supplice d'Ugolin, ou doucement tristes, comme les aventures de Francesca di Rimini. Mais les allusions détournées, les détails obscurs que l'on y trouve, la rendent inintelligible même à l'Italien ; aussi, dès les premiers temps de son apparition, fut-on obligé d'établir des professeurs pour l'expliquer.

Pétrarque (1304-1374). — François Pétrarque naquit à Arezzo, en 1304. Obligé de partager le sort de son père, qui s'était retiré à Avignon après le triomphe du parti des Noirs à Florence, il vint en France dès l'âge de neuf ans, et étudia à Montpellier et à Bologne. De bonne heure il révéla ses goûts pour la poésie : le site de la fontaine de Vaucluse l'enthousiasmait, et, au grand dépit du père, les églogues de Virgile et les sirventes des troubadours avaient beaucoup plus d'attrait pour le jeune homme que les *Pandectes de Justinien*. La rencontre de Laure de Noves dans l'église Sainte-Claire, à Avignon, jeta le trouble et la tristesse dans l'âme jusqu'alors si paisible de Pétrarque. Laure avait vingt ans ; elle était d'une beauté remarquable, d'une pureté et d'une piété plus grandes encore ; mais elle était mariée à Hugues de Sade. Pour rendre le calme à son cœur tourmenté, le poète se mit à voyager. Il se rendit d'abord à Lombez, où son ami J. Colonna, devenu évêque, lui avait donné un canonicat, puis, après avoir revu les bords de la Sorgue, visita la Flandre, les Pays-Bas, traversa la célèbre forêt des Ardennes, et, en passant encore par Avignon, se rendit à Rome, pour recevoir au Capitole la couronne de laurier que lui méritaient, au témoignage du sénat romain et de Robert le Savant, roi de Naples, ses connaissances en histoire, en philosophie, et surtout son poème latin *Africa*. Mais plus que ce poème sur les guerres puniques, plus que ses lettres et ses églogues, son *Canzoniere*, ou recueil de poésies italiennes, où Pétrarque chante les grâces et les vertus de Laure, la solitude et la limpidité de la source de Vaucluse, les charmes de la vallée de la Sorgue, lui a mérité la célébrité qui l'honore. En effet, dans les *Canzoni* et dans les *Trionfi*, on trouve réunis ensemble la délicatesse du sentiment et l'élévation de la pensée, l'harmonie et l'élégance du vers, l'éclat et la fraîcheur du style. Après la mort de Laure (1348), Pétrarque, porté par caractère à la retraite, dédaigna les invitations des princes et des rois, qui, connaissant son agréable société et ses talents, cherchaient à l'attirer à leur cour ou à lui confier des ambassades, et se retira à Venise, puis à Arqua, près de Plaisance. Dans la solitude, le grand poète qui, en descendant du Capitole, avait porté sa couronne de laurier sur l'autel de Saint-Pierre et célébré pieusement le jubilé de 1350, se livra aux austérités de la pénitence, sans cependant abandonner l'étude des anciens, dont il avait recherché les écrits perdus avec la plus grande activité. Ce fut dans son château d'Arqua qu'il mourut subitement, le 18 juillet 1374.

Le Toscan Boccace (1293-1375), lecteur assidu de Dante et ami de Pétrarque, compléta leur œuvre ; il est justement regardé comme le créateur de la prose italienne. Ses principaux ouvrages en prose sont le *Filocopo*, récit

des aventures chevaleresques de Florio et de Blanche-
fleur ; l'*Amorosa Fiammetta*, roman dans lequel l'écrivain
se met en scène avec Marie (Fiammetta), fille de Robert le
Savant; l'*Admète*, récit des amours de sept nymphes de
l'ancienne Etrurie, et le *Décaméron*, contes sans art et *Le Décaméron.*
sans morale, mais écrits dans un style abondant et gracieux. Ces *Cent nouvelles*, que Boccace met dans la bouche
de jeunes gens qui cherchent à se distraire pendant la
peste de Florence, ne sont malheureusement qu'une peinture trop fidèle des mœurs de cette époque. L'auteur, il
est vrai, les condamna avant de mourir, mais cela n'em-
pêchera point la Fontaine d'y aller puiser ses plus mauvais
contes.

Ajoutons à ces trois noms ceux de Matthieu et de Jean Les Villani.
Villani, auteurs d'une histoire de Florence, et de sainte
Catherine de Sienne, qui, dans ses traités de dévotion et
ses poésies, égala les premiers écrivains en prose et en
vers de l'Italie.

Giotto (Angioletto) (1276-1336). — L'architecture
et la sculpture suivaient encore alors la voie où elles étaient
entrées aux siècles précédents. On terminait la cathédrale de Milan et l'on commençait la Chartreuse de Pavie.
Mais la peinture fit des progrès avec Giotto, qui abandonna les traditions byzantines pour des procédés nouveaux. Cimabué (voy. *Rev. du cours de 3e*), rencontrant
dans une prairie Angioletto qui s'amusait, en gardant les
troupeaux de son père, à dessiner sur des pierres ses
chèvres et ses moutons, reconnut dans cet enfant des dis-
positions réelles pour la peinture, et le prit pour élève.
Giotto devint bientôt un artiste plus habile que son
maître. Il se distingua surtout par l'art de disposer un
sujet, par l'expression du dessin, la légèreté et la grâce Qualités
du coloris. et travaux
de Giotto.

Citons, parmi ses meilleures œuvres, les *portraits* de
Dante, de Brunetto Latini, la *Vierge de Padoue*, la *Commune de Florence volée*, la célèbre mosaïque *la Navicella*
(barque de Saint-Pierre), dont on ne voit plus à Rome
qu'une imparfaite reproduction. Giotto était aussi un habile architecte ; c'est à lui que l'on doit le magnifique clo-

cher qui s'élève auprès de Sainte-Marie des Fleurs, à Florence.

La poudre à canon. — Le nom de l'inventeur de la poudre est inconnu. Le moine anglais Roger Bacon en eut bien une idée, mais il n'apprit cependant pas à faire toutes les combinaisons qu'exige sa fabrication. Peut-être cette découverte est-elle due aux Chinois. Ce qu'il y a de certain, c'est que l'on se servit de la poudre sur différents points de l'Europe à peu près à la même époque, et qu'en 1346, à la bataille de Crécy, l'usage des coulevrines n'était point chose nouvelle. Cette découverte amena des changements dans l'art des fortifications, ruina la force de la féodalité et de la chevalerie, et assura le succès des Espagnols dans les Indes.

La boussole. — La boussole, connue des Chinois douze cents ans avant notre ère, fut probablement apportée en Occident par les Arabes et les croisés. Les marins de la Provence s'en servaient, sous le nom de *marinette*, dès le XIIIe siècle.

Gioa d'Amalfi la perfectionna en la mettant en équilibre sur un pivot qui lui laissait toute la liberté de ses mouvements. Après que l'on eut tracé la rose des vents, on enferma la boussole dans une boîte, et l'on suspendit l'appareil par un mécanisme composé de plusieurs cercles mobiles, qui se coupent à angles droits, de façon que malgré le tangage ou le roulis du vaisseau la boussole conserve la position horizontale. Grâce à cette découverte, les navigateurs purent aller sans crainte à la recherche de nouveaux continents.

Le papier. — Au papyrus avait succédé le parchemin, et celui-ci fut, à son tour, remplacé par le papier. Aux Chinois encore revient l'honneur de sa découverte. Après avoir fabriqué du papier avec du bambou, des écorces de mûrier, de la paille, ils en fabriquèrent avec du linge broyé. Ils révélèrent leur secret aux Tartares (grandes papeteries de Samarcande), ceux-ci le communiquèrent aux Arabes, qui le dévoilèrent aux Occidentaux et qui l'introduisirent en Espagne avec la culture du coton.

Les papes à Avignon. — Les manœuvres de Philippe le Bel avaient déterminé le pape Clément V à se fixer à Avignon (1309). Plusieurs des successeurs de ce pontife l'imitèrent. Tous ces papes eurent de bonnes qualités. Jean XXII (1314-1334), quoiqu'il eût des opinions personnelles peu orthodoxes sur la vision béatifique, était plein de sagesse et de zèle ; Benoît XII, Clément VI et surtout Innocent VI (1334-1362) firent plusieurs réforme utiles et protégèrent les savants, que l'éclat de leur cour attirait à Avignon ; Urbain V (1362-1370) alla visiter Rome ; Grégoire XI (1370-1378) y rétablit la résidence des papes, absents depuis soixante-dix ans ; cette absence a été comparée par les Italiens à la captivité de Babylone.

Bien que les papes d'Avignon fussent irréprochables dans leurs mœurs et leur doctrine, ils n'obtinrent point, comme leurs prédécesseurs, l'estime et le respect des peuples. Leur intervention entre les belligérants dans la guerre de Cent ans était suspecte aux Anglais ; on les tenait pour bons Français, mais on ne voyait plus en eux les pères et les pasteurs de la chrétienté. En outre, la résidence des papes à Avignon eut pour résultats la révolution romaine sous Rienzi et le grand schisme d'Occident.

Le grand schisme (1378-1415). — A la mort de Grégoire XI, les cardinaux, dont six sur vingt-deux étaient restés à Avignon, donnèrent la tiare à l'archevêque de Bari, qui prit le nom d'Urbain VI. Mais ces cardinaux, Français pour la plupart, effrayés des réformes que projetait Urbain, regrettèrent la cour d'Avignon et le beau ciel de Provence. Aussi, à peine eurent-ils notifié aux souverains de l'Europe l'élection du nouveau pape, que, prétextant l'insalubrité du climat de Rome, ils se retirèrent à Anagni, au pied des monts de la Sabine. Là, ils formèrent un nouveau conclave, trouvant, mais un peu tard, que le premier n'avait pas été libre, et firent une nouvelle élection en faveur de Robert de Genève. Celui-ci prit le nom de Clément VII et se retira à Avignon. Les cardinaux se hâtèrent de l'y rejoindre. Alors il y eut deux

papes dans l'Eglise ; leur mort ne mit point fin au schisme :
Urbain VI eut pour successeurs Boniface IX, Innocent VII
et Grégoire XIII ; et l'opiniâtre Pierre de Lune (Benoît XIII)
succéda à Clément VII. Ainsi, de 1378 à 1415, la chrétienté fut divisée ; les papes de Rome et d'Avignon ne se
ménagèrent pas même les anathèmes. Mais la politique
ne laissa point les Etats incertains dans leur choix entre
les deux papes. La France et ses alliés, l'Espagne, l'Ecosse,
et la Lorraine se soumirent au pape d'Avignon ; l'Angleterre, l'Italie, etc., à celui de Rome.

Wiclef (1324-1387) et Wat-Tyler en Angle-terre.

— Des hérétiques se crurent autorisés, en présence de cette division qui régnait dans l'Eglise, à publier
leurs erreurs. Wiclef, professeur à l'université d'Oxford et
disciple de Walter Lollard, que ses doctrines subversives
avaient conduit au bûcher, nia les droits du siège de Rome,
ceux des évêques et du clergé. Non seulement ses erreurs
tendaient à la ruine de la société ecclésiastique, à laquelle
il refusait le droit de possession et le pouvoir judiciaire,
mais à celle du christianisme lui-même ; avec la vie mo-
nastique, l'hérésiarque détruisait le sacerdoce, car il soutenait que le prêtre perdait ses pouvoirs par le péché, et
qu'une « vieille femme en état de grâce » pouvait plus
légitimement que lui exercer les fonctions sacerdotales.

Les fruits d'une pareille doctrine ne tardèrent pas à paraître. Les paysans, auxquels on avait appris que la hiérarchie ecclésiastique était inutile et abusive, conclurent
que la hiérarchie civile n'avait pas plus de raison d'être ;
conséquemment ils refusèrent l'impôt et voulurent établir
en Angleterre une parfaite égalité. Au nombre de plus
de 60,000, sous la conduite du couvreur Wat-Tyler, ils
marchèrent sur Londres, ravageant toutes les riches demeures qu'ils trouvaient sur leur chemin. Soutenus par
les ouvriers, ils entrèrent dans la capitale de l'Angleterre
et massacrèrent le chancelier et le primat. Ils allaient
imposer des conditions de paix à Richard II, lorsque Wat-
Tyler, attiré dans une entrevue, tomba sous le glaive du
maire de Londres. Les rebelles, désorganisés par la mort
de leur chef, furent écrasés par l'armée royale. Témoin de

ces révoltes, Wiclef rétracta ses erreurs et alla mourir dans la cure de Lutterworth (1387).

Agitations en Europe. — Au XIV⁰ siècle, nulle part ni paix ni repos. L'Eglise, comme les autres sociétés, est troublée par le schisme et les hérésies. La France est ravagée par les Anglais, et trop souvent, pour y jeter la confusion, la guerre civile, la peste, la famine, se joignent à la guerre étrangère. Mais si la France a des Jacques, des Maillotins, des Bourguignons et des Armagnacs, l'Angleterre a les wicléfites ; de plus, elle est bouleversée par les dissensions des familles de Lancastre et de Clarence, en attendant que la guerre des deux Roses vienne la couvrir de sang et de ruines.

L'Allemagne est en proie à l'anarchie, car elle n'a que des empereurs tracassiers et incapables ; la Bohême, principalement, est désolée par la guerre des hussites ; en vain partout s'établissent des sociétés pour maintenir l'ordre et la tranquillité, comme la *paix de Magdebourg*, la *paix de Thuringe*, la *confédération du Rhin*, la *hanse*, etc. ; partout règne la guerre.

L'Espagne est aussi sous les armes ; mais là, au moins, les braves descendants de Pélage combattent comme les Suisses, comme les Milanais, pour leur indépendance : ils combattent pour leur foi contre les barbares musulmans.

Plus que toutes les autres contrées, l'Italie se débat dans de violentes convulsions. Outre les partis guelfe et gibelin, qui y entretiennent une guerre perpétuelle, des rivalités profondes troublent les cités elles-mêmes. Venise, en guerre avec Gênes, et menacée dans ses possessions d'Orient par les Turcs, n'a point éteint dans son sein, par la mort si tragique de son doge Marino Faliero, la haine réciproque du peuple et des grands. Florence est toujours déchirée par les *Noirs* et les *Blancs ;* Gênes, victorieuse de Pise à la Meloria (1284), par les Grimaldi et les Fieschi ; Naples, par Jeanne et son mari, André de Hongrie, puis par les Durazzo et les Angevins ; Rome, enfin, par les Orsini et les Colonna, et surtout par Cola Rienzi.

Cet homme à la tête exaltée réussit à rétablir l'*ancien et bon état*, c'est-à-dire la république romaine (1347) ; mais, après avoir répété quatre fois au Capitole, la couronne sur la tête, en montrant les quatre points cardinaux : « Ceci est à moi, » etc., ce tribun, comme Marcel, Arteveld et toutes les idoles du peuple, perdit son crédit, et ceux qui l'avaient escorté au Capitole le traînèrent à la potence.

Constantinople était encore plus maltraitée que les autres cités de l'Europe : les Turcs étaient à ses portes ; ils se heurtaient sur le Danube aux Hongrois, aux Polonais, etc.

<h1 style="text-align:center">Ve LEÇON</h1>

DEUXIÈME PARTIE DE LA GUERRE DE CENT ANS. — CHARLES VI. — ROLE DE LA MAISON DE BOURGOGNE. — CHARLES VII ET JEANNE D'ARC. — TRAITÉ D'ARRAS.

Charles VI. — Charles VI (1380-1422), n'ayant que douze ans à la mort de son père, fut placé sous la tutelle de ses oncles. Le régent, le duc d'Anjou, et ses frères, les ducs de Berry et de Bourgogne, profitèrent de leur pouvoir pour piller le royaume. Leur avidité arma les *Maillotins* à Paris et les *Tuschins* dans le Languedoc. Obligés de transiger avec les insurgés, les princes jetèrent cependant en secret à la Seine quelques Maillotins enfermés dans des sacs. Ensuite, sur les instances du duc de Bourgogne et de sa femme, Marguerite de Flandre, ils marchèrent ensemble contre les Flamands, qui avaient détrôné leur comte Louis de Male, et battirent à Rosbecque (1382) Philippe Arteveld et ses *chaperons blancs*. Cette victoire rendit encore les oncles du roi plus audacieux : ils augmentèrent les impôts, dépouillèrent Paris et plusieurs autres villes de leurs privilèges, et envoyèrent un grand nombre de personnes au supplice, entre autres le vieillard Jean Desmarets.

La levée des impôts n'était pas faite sans but, il est vrai; des armements considérables contre l'Angleterre étaient préparés à Tréguier et à l'Ecluse; mais l'incurie des princes laissa l'hiver ruiner ces flottes. Enfin Charles VI, débarrassé du régent, mort en cherchant à monter sur le trône de Naples, secoua le joug de ses tuteurs, surnommés par le peuple les *Sires de fleurs de lis*, prit la direction du gouvernement et rappela auprès de lui les anciens conseillers de son père, Pierre et Jean de Montaigu, Olivier de Clisson, Bureau de la Rivière et le Bègue de Vilaine, que les princes qualifièrent du nom de *Marmousets*. Mais, mécontents de leur exclusion du gouvernement, les *sires de fleurs de lis* se vengèrent : ils poussèrent Pierre de Craon à assassiner le *marmouset* Clisson. Pierre de Craon laissa donc pour mort dans la rue Sainte-Catherine Olivier de Clisson, et se sauva en Bretagne. Charles VI jura de punir l'auteur de cet attentat et marcha à sa poursuite. Mais au milieu de la forêt du Mans, ayant entendu un homme pareil à un spectre lui dire : « Roi, ne chevauche pas plus avant, tu es trahi ! » il devint « tout dévoyé. » Les *sires de fleurs de lis* profitèrent de la folie du roi pour rentrer à la cour. Ils mirent en prison tous les *marmousets* qu'ils purent arrêter(1392).

Gouvernement de Charles VI, 1384.

Rivalité des *Sires de fleurs de lis* et des *Marmousets*.

Tentative d'assassinat contre de Clisson, 1392.

Folie du roi.

Rôle de la maison de Bourgogne. — Une femme sans mœurs, sans principes et sans goût pour l'administration, Isabeau de Bavière, tint alors les rênes du gouvernement, mais laissa les ducs de Bourgogne et d'Orléans se disputer l'autorité. Le fougueux Jean sans Peur, devenu duc par la mort de Philippe le Hardi (1404), voulant avoir à la cour l'influence de son père, attaqua le duc d'Orléans, que soutenait Isabeau, puis, après une apparente réconciliation avec son rival, l'assassina dans la rue Vieille du Temple (1407), et fit faire l'apologie de ce meurtre par le docteur Jean Petit. Vainqueur des Flamands à Hasbain, il obtint du roi des lettres de *rémission*. Valentine Visconti, inconsolable de la perte de son mari, se retira à Blois; mais le comte d'Armagnac, beau-père du jeune duc d'Orléans, se déclara leur vengeur, et la célèbre rivalité des Armagnacs et des Bourguignons,

Isabeau de Bavière.

Jean sans Peur assassine le duc d'Orléans, 1407.

Bernard d'Armagnac.

des peuples du Nord et du Midi, commença (1409).

La cruauté la plus sanguinaire signala cette guerre fratricide. Jean sans Peur, appuyé par la bourgeoisie et par les corporations ouvrières, à la tête desquelles on remarquait le boucher Simon Caboche avec ses écorcheurs, et le bourreau Capeluche, répandit partout la terreur. S'autorisant du refus des états généraux, convoqués pendant la trêve de 1413, de voter les impôts, des membres de l'université et quelques légistes, tous agents de Jean sans Peur, rédigèrent l'*ordonnance cabochienne*, dans laquelle on demandait, comme toujours, bonne et prompte justice, suppression des pensions et des charges inutiles, et de plus l'élection aux offices. Mal accueillis à la cour avec leur ordonnance, les Cabochiens s'emparèrent de la Bastille Saint-Antoine et massacrèrent les ennemis de Jean sans Peur. Enfin la bourgeoisie, voyant que les Bourguignons s'attaquaient indistinctement à tous les riches, s'unit aux Armagnacs pour les chasser de Paris.

Un moment de paix permit aux deux partis d'unir leurs forces contre les Anglais, de nouveau descendus en France. Mais à Azincourt (1415), comme à Crécy et à Poitiers, l'imprudente chevalerie française fut complètement taillée en pièces. Les ducs d'Orléans et de Bourbon, le comte de Richemont, le maréchal de Boucicaut et plusieurs autres seigneurs furent pris et emmenés en Angleterre.

Après cette défaite, la rivalité des Armagnacs et des Bourguignons se ralluma ; les bourgeois de Paris, trouvant que le comte d'Armagnac était « un vrai diable en fourrure d'homme, » ouvrirent de nouveau les portes de la ville à Jean sans Peur. Alors les Bourguignons assassinèrent plus de vingt mille Armagnacs ; ils se rassasièrent de sang. Cependant Jean sans Peur, obligé de donner la main au bourreau Capeluche, eut honte de son rôle, et prépara, pour se réconcilier avec le dauphin Charles, l'entrevue de Montereau. Mais là, sous la tente même du Dauphin, Tanneguy Duchatel égorgea le meurtrier du duc d'Orléans (1419).

La haine des deux partis devint alors plus aveugle que jamais. Philippe le Bon, fils de Jean sans Peur, et Isabeau de Bavière signèrent avec les Anglais le honteux traité de Troyes (1420), qui déshéritait le Dauphin au profit de Henri V d'Angleterre. Les états généraux, le parlement, l'université, la bourgeoisie parisienne, furent, avec Isabeau, les auteurs de ce crime. Heureusement pour l'honneur national, le peuple français protesta contre ce crime de lèse-nation et prit les armes pour la cause du jeune Charles, qui était en même temps celle de l'indépendance du pays. Cependant, à la mort de l'infortuné Charles VI (1422), Henri VI, roi d'Angleterre depuis deux mois, fut encore proclamé roi de France.

Charles VII (1422-1461) et Jeanne d'Arc. — Pendant qu'à Paris on déclarait roi de France un petit Anglais de dix mois, quelques fidèles chevaliers acclamaient au château de Mehun, près de Bourges, l'avènement de Charles VIIe du nom. Malheureusement, le roi légitime de la France ne fut reconnu que des provinces du bassin de la Loire ; aussi les Anglais le désignèrent-ils ironiquement sous le nom de *roi de Bourges*. Charles lui-même parut résigné à se contenter de ce titre, et se montra tout à fait indifférent à son triste sort ; il abandonna l'autorité aux plus ambitieux de son entourage, à Yolande de Sicile et à Tanneguy Duchatel, satisfait de pouvoir, pour sa part, « perdre gaiement son royaume » avec ses compagnons de plaisir. Cependant Arthur de Richemont, devenu connétable, débarrassa le jeune roi de ses funestes conseillers, réorganisa l'armée et détacha de l'Angleterre les Bretons et les Bourguignons. Néanmoins, la cause royale semblait désespérée.

Vainqueurs des Ecossais, nos alliés, à Crevant (1423) et à Verneuil (1424), les Anglais, aux ordres du comte de Salisbury, mirent le siège devant Orléans, où se renfermèrent la Hire, Xaintrailles, Dunois, la Trémoille et toute l'élite des chevaliers français. Les seigneurs du centre de la France tentèrent inutilement de délivrer cette ville ; ils furent battus à la journée des Harengs (1429). Alors au fléau de la guerre s'unit celui de la famine, et la désolation devint universelle ; mais ce deuil de la patrie et l'apparition de Jeanne d'Arc, l'humble bergère de Domremy, que la Providence suscitait pour le salut de la France, rallumèrent dans toutes les âmes le patriotisme éteint ; un cri de : Mort aux Anglais ! retentit de la Manche aux Pyrénées.

A dix-huit ans, Jeanne d'Arc, docile à la voix de saint Michel, dit adieu à la vie paisible des champs, se rend à Vaucouleurs, où elle obtient du capitaine de Baudricourt, après bien des instances, une petite escorte, traverse avec elle un pays couvert d'ennemis, arrive à Chinon, y reconnaît le roi caché au milieu de sa cour, lui donne des signes certains de sa mission, en reçoit un corps de sept à huit mille hommes, marche avec cette armée au

secours d'Orléans, délivre cette ville (8 mai 1429), prend Jargeau, Beaugency, bat Talbot à Patay, conduit le roi à

Reims, et assiste à son sacre, tenant à la main le petit étendard qu'elle avait toujours porté « à la peine. »

Après le sacre de Charles VII, Jeanne, croyant sa mission terminée, voulait rentrer dans son village ; mais le roi ne le lui permit pas. Blessée à Paris, elle courut néanmoins au secours de Compiègne, que le lâche Charles VII, en se retirant au delà de la Loire, avait abandonné aux Anglais. Son patriotisme causa sa perte ; elle fut prise dans le combat et livrée à ses ennemis par Jean de Luxembourg. Les Anglais étaient décidés à l'immoler.

Jeanne fut donc jugée, déclarée par Cauchon, évêque vendu à l'Angleterre, « apostate, relapse, hérétique, » et condamnée à être brûlée vive. Cette sentence inique, malgré l'appel de Jeanne au tribunal de l'Eglise, fut exécutée à Rouen (29 mai 1431). En dépit de l'arrêt de Cauchon, qu'annula d'ailleurs le pape Nicolas V, qui réhabilita l'héroïne d'Orléans, en dépit des infâmes calomnies de Voltaire contre la vierge de Domremy, Jeanne apparaît aux regards de tout bon Français avec la triple auréole de l'innocence, du patriotisme et du martyre.

Traité d'Arras (1435). — La mort de Jeanne d'Arc ne porta pas bonheur aux Anglais. Battus à Gerberoy, abandonnés du duc de Bourgogne Philippe le Bon, que Glocester, régent d'Angleterre, avait mécontenté en cherchant à mettre la main sur la Picardie, ils demandèrent la paix. Mais leurs exigences rendirent tout accord impossible : ils voulaient l'exécution du traité de Troyes.

Charles VII fut plus heureux qu'avec les Anglais dans ses négociations avec Philippe le Bon ; à Arras, il obtint son amitié en lui cédant Mâcon, Auxerre et les villes de la Somme, et en désavouant le meurtre de Jean sans Peur (1435).

Depuis lors, les Français marchèrent de succès en succès ; Richemont chassa les Anglais de Paris, et Charles VII put enfin rentrer sous le toit de ses pères. La *Praguerie,* révolte de quelques seigneurs (la Trémoille, Dunois) soutenus par le dauphin Louis, n'entrava pas le cours de nos victoires. Pontoise, Dieppe, la Normandie entière, tombèrent entre nos mains. Les défaites de Thomas Kyriel à Formigny (1450) et de Talbot à Castillon (1453) mirent fin à la guerre de Cent ans. Charles VII le *Victorieux* entra dans Bordeaux le 18 octobre 1453. Seule sur le continent, la ville de Calais restait à l'Angleterre.

Richemont.

Victoires de Formigny et de Castillon. 1453.

VIe LEÇON

INSTITUTIONS DE CHARLES VII ; ARMÉE PERMANENTE ; PRAGMATIQUE DE BOURGES. — MŒURS ; LA CHEVALERIE NOUVELLE ; LA COUR DE BOURGOGNE. — GUERRE DES HUSSITES. — FIN DU GRAND SCHISME D'OCCIDENT.

Institutions de Charles VII. Armée permanente. — Répondant aux désirs des états généraux d'Orléans (1439), qui avaient voté pour l'entretien des troupes une taille de 1,200,000 livres, Charles VII, que la bataille de Saint-Jacques-sur-la-Birse, en Suisse, venait de débarrasser des *écorcheurs* et des *grandes compagnies,* établit une *armée permanente* (1445). Le corps de cavalerie fut composé de quinze compagnies d'ordonnance de cent lances garnies chacune. Comme la

Les compagnies d'ordonnance.

lance garnie comprenait six hommes : l'homme d'armes, son varlet, le coutillier et trois archers, ces quinze compagnies donnaient une armée de neuf mille hommes. Ces troupes furent disséminées dans les principales villes du royaume. En 1448, par l'ordonnance de Montils-lez-Tours, Charles VII organisa l'infanterie. Toute paroisse de cinquante feux dut équiper un archer. Le roi eut ainsi un effectif de seize mille *francs-archers* partagés en trente-deux corps de cinq cents hommes chacun. La garde écossaise créée en 1445, les milices féodales récemment reformées, et quelques milices bourgeoises composaient donc, avec les compagnies d'ordonnance et les francs-archers, toute l'armée française. Mais cette armée était soutenue dans les guerres par une artillerie qui ne le cédait en puissance qu'à celle des Turcs ; ce complément était dû aux deux frères Bureau, les inventeurs des batteries de siège, des boulets de fer, des tranchées.

Pragmatique de Bourges. — Le clergé de France, s'étant réuni en concile à Bourges (1438), adopta plusieurs points de la doctrine du concile de Bâle, et le roi, trouvant à son goût les décisions de l'assemblée touchant les rapports de l'Etat et de l'Eglise gallicane avec Rome, les approuva, et, sans même en parler au pape, les publia comme lois du royaume. Cette *ordonnance*, connue sous le nom de *pragmatique de Bourges*, déclarait le concile supérieur au pape, rendait aux chapitres l'élection des évêques et aux communautés celle des abbés, abolissait les *annates, réserves et expectatives*, soumettait les bulles du pape à l'approbation du roi avant leur publication dans le royaume, réduisait à des cas très rares les appels en cour de Rome, etc. Cette pragmatique, qui renfermait les principes des libertés de l'Eglise gallicane, ne fut point acceptée des ducs de Bourgogne et de Bretagne. Plus tard Louis la révoqua, et François 1er la remplaça par le *concordat* de Bologne.

Réformes financières et judiciaires. — En votant l'établissement d'une armée permanente, les états d'Orléans avaient aussi voté la *taille perpétuelle*, et ils en avaient arrêté le chiffre pour les deux années suivantes (1439); ils devaient se réunir de nouveau à l'expiration de ce terme, et fixer encore pour l'avenir la somme à prélever. Mais Charles VII se dispensa de convoquer les états aux époques déterminées, et fixa lui-même, sur l'avis de son ministre, Jacques Cœur, le chiffre de la taille. Cette façon d'agir plus ou moins régulière devint peu à peu coutume.

Pour empêcher le gaspillage des revenus de l'Etat, Jacques Cœur, qui, de riche commerçant de Bourges, était devenu argentier du roi, accomplit plusieurs réformes utiles. Tous les comptables qui maniaient les deniers publics durent soumettre leurs opérations au contrôle de la chambre des comptes. Les généraux de finances « au fait de la justice » formèrent la *cour des aides*, qui fut déclarée capable de connaître souverainement des questions de gabelle, d'aides, de taille, et de juger les appels des élections, où les élus établis par Charles V étaient juges en première instance. Une *chambre du Trésor*, dite aussi *chambre du Domaine*, fut établie pour administrer le domaine royal (fonds de terre, châteaux, eaux et forêts), et pour connaître en première instance des affaires contentieuses relatives au domaine du roi. Enfin, la valeur des monnaies fut de nouveau fixée, etc. Malgré ses services, Jacques Cœur, en butte à la jalousie des grands, fut privé de ses biens et exilé. Il se retira à Rome, puis alla mourir à Chio, en combattant contre les Turcs.

Charles VII fit aussi des réformes judiciaires. Il multiplia les cas d'appel à la justice royale; donna une organisation régulière au parlement de Toulouse, qui existait depuis 1302; confirma l'établissement de celui de Grenoble, créé par le dauphin Louis; étendit la juridiction de celui de Paris, en lui donnant le droit de juger les procès politiques. — Jugement et exécution du bâtard de Bourbon, de Gilles de Retz ou Barbe-Bleue, emprisonnement du duc d'Alençon, etc.

L'université de Paris perdit ses privilèges. Ses causes, qui relevaient du roi jusqu'alors, durent être portées devant le parlement, et celles de ses membres, devant le Châtelet.

L'agriculture et le commerce, auquel Jacques Cœur avait ouvert les ports de l'Orient, reçurent un grand développement. Le roi, d'abord si insouciant et si lâche, était donc devenu un roi sérieux, actif, vraiment dévoué au bien de ses sujets.

Mœurs. — A cette époque, où le schisme jette le trouble dans l'Eglise, où la guerre civile, la peste et la famine, unies à la guerre étrangère, répandent partout une affreuse confusion, les contrastes les plus saisissants apparaissent dans les mœurs ; et l'on y découvre au dérèglement des passions, à la fréquence des crimes, l'oubli de la religion et l'absence des lois. En effet, dans ce monde bruyant du moyen âge, où l'on semble avoir toujours soif d'impressions nouvelles, les tournois et les danses succèdent à la guerre et à la famine, la cruauté et le brigandage se placent à côté des vertus chevaleresques, la galanterie se mêle aux cérémonies de la religion, et l'erreur lève la tête au milieu du domaine de la foi. En un mot, cette société présente, dans sa physionomie, ces formes sans proportions, ces couleurs voyantes, cette bigarrure que l'on remarque dans ses costumes. Rappelons ici quelques détails.

Examinez un noble seigneur du **xv**ᵉ siècle de la tête aux pieds ; rien de bizarre comme son accoutrement. Son chaperon est mi-parti de bleu et de rouge ; son hoqueton, mi-parti de noir et de blanc ; ses hauts-de-chausses, serrés outre mesure, s'arrêtent au milieu de la cuisse ; ses bas sont l'un d'une couleur, l'autre d'une autre ; son manteau est bariolé ou semé de globes et de lunes ; ses souliers à la poulaine ont deux pieds de long et se terminent par une figure grotesque ; pour marcher il est obligé de les relever et d'en attacher les extrémités avec des chaînes aux genoux. En ce temps-là, on trouve même cette chaussure contraire aux bonnes mœurs et inventée en dérision du Créateur.

La toilette de la châtelaine n'est pas moins curieuse. Sa robe est ornée d'un côté des armes de son mari, et de l'autre de celles de sa propre famille. Sa chevelure est étroitement enserrée dans un bonnet, ou bien le plus souvent elle s'élève vers le ciel dans toute sa longueur. Du sommet de sa coiffure pyramidale, une longue banderole descend en ondoyant jusqu'à terre. Des colliers et des bracelets ornent son cou et ses bras. Veut-elle se mettre en plein ébattement, elle monte sur un palefroi et galope, la canne à la main et l'oiseau au poing. Les prédicateurs parlent-ils contre cette corne de deux à trois pieds qui s'élève sur les coiffures, les femmes en ajoutent une seconde, et l'on est obligé d'élargir les portes pour leur donner passage.

Au xve siècle, les demeures des riches étaient somptueuses et meublées avec luxe ; on y voyait des tables précieuses, etc. Les repas, annoncés au son du cor, étaient copieux. La venaison et la pâtisserie abondaient sur la table avec tous les chefs-d'œuvre de l'art culinaire ; le vin, la bière et le cidre y coulaient à flots ; mais on mangeait sans serviette et même sans fourchette, du moins jusqu'au règne de Charles V Les festins étaient égayés par les sirventes des trouvères et des troubadours, par les aubades des ménestrels et par des conversations libres et joviales. D'ailleurs, la langue, à cette époque, était toute nue, elle désignait crûment chaque chose. Néanmoins, malgré ce manque d'expressions générales et abstraites, il était de bon usage de parler avec affectation.

Les principaux jeux de ce temps étaient les quilles, les dés, le palet, la balle, le mail, etc., et parmi les divertissements publics citons : les tournois, les pas d'armes, les représentations scéniques et les cavalcades. Quand Isabeau de Bavière fit son entrée dans Paris, douze cents bourgeois de la capitale se joignirent, près de Saint-Denis, au cortège déjà nombreux de dames et de chevaliers. A la porte Saint-Denis, on représenta un ciel peuplé d'anges qui s'amusaient sur des nuages ; plus loin, on voyait une fontaine versant par douze conduits différentes liqueurs que des jeunes filles présentaient dans des coupes d'or. Ailleurs, on trouvait Saladin et ses Sarrasins combattant contre Richard Cœur de Lion et ses preux, en présence de Philippe Auguste et des douze pairs. Les principales représentations scéniques étaient : les *mystères*, joués d'abord dans les églises, puis sur les places publiques (*la Passion et les confrères de la Passion*) ; les *moralités* et les *farces,* jouées par les clercs de la Basoche (*l'Avocat Pathelin*) ; les *soties des enfants sans souci,* que dirigeait le prince des sots, coiffé d'un capuchon avec deux oreilles d'âne. Ces spectacles, d'abord honnêtes, ne tardèrent pas à devenir très licencieux. A des scènes peu chastes on ajoutait des railleries mordantes à l'adresse de la magis - trature, du clergé et de la famille. Quelques confréries, comme celles des *Cornards* en Normandie, et de la *Mère folle* en Bourgogne, tournaient même en dérision les choses saintes. Néanmoins toutes les classes de la société prenaient part à ces spectacles, les clercs comme les gens de métiers. Après ces amusements, il fallait subir la famine, les extorsions du fisc, les corvées du seigneur et les rigueurs de la guerre, on le savait ; mais tant que l'on était en fête, on s'amusait sans penser au lendemain. Bref, cette société, avec l'insouciance, l'étourderie, la fougue de la jeunesse, en a aussi toute la vigueur et toute la générosité. On tue, on assassine sans merci, mais à son tour on s'immole et on meurt bravement ; on se plonge dans la jouissance sans modération, mais on souffre avec magnanimité ; à tout considérer, la vie du moyen âge laisse au bonheur et à la vertu une aussi large place que la nôtre.

La chevalerie nouvelle. — Jamais plus qu'à cette époque on ne créa d'ordres de chevalerie : Jean le Bon établit l'ordre de l'*Etoile ;* Jean V, duc de Bretagne, l'ordre de l'*Hermine ;* Louis d'Orléans, frère de Charles VI, l'ordre du *Porc-Epic ;* le duc de Bourgogne, l'ordre de la *Toison d'or ;* Edouard III, l'ordre de la *Jarretière ;* jamais autant qu'alors on ne déploya d'appareil et de luxe dans la cérémonie de la réception de l'ordre, et cependant jamais on ne vit mieux la dégénération de la chevalerie.

En effet, pendant la guerre de Cent ans, les chevaliers montrent encore cette noble vaillance qui avait animé les premiers croisés ; témoin ce cortège de braves qui se rangent autour de du Guesclin et à la suite de Jeanne d'Arc ; témoin Boucicault tout seul. Mais cette énergie guerrière a quelque chose de sauvage, de brutal et de déloyal ; témoin encore l'assassinat de Pierre le Cruel, commis avec la complicité ou du moins sous les yeux de du Guesclin ;

les assassinats de Clisson, du duc d'Orléans, de Jean sans Peur, etc. Mais, après la guerre de Cent ans, la chevalerie perd même cette qualité, qui lui donnait encore du relief, elle arrive à sa période galante, elle oublie son but et ses vertus primitives. Autrefois, le chevalier, après des exercices austères, à genoux devant l'autel, se consacrait au service des causes les plus nobles et les plus saintes ; maintenant il jure sur un faisan de ne jamais manquer au *servage d'amour*. Le clergé, qui avait fait de cette institution une espèce de sacerdoce, est lui-même trop mondain pour rendre à la chevalerie son caractère religieux ; en lui prêtant encore son ministère, il semble autoriser les vices que le chevalier cache sous des formes galantes. Alors la valeur militaire n'apparaît plus que dans les tournois. *[Période galante de la chevalerie.]*

Dans l'origine, les tournois étaient des exercices utiles, où les chevaliers, pour développer leur adresse, joutaient avec des armes émoussées ; maintenant ils ne sont plus que des théâtres où les champions font assaut de courtoisie et montrent leur servage d'amour. On voit quelquefois soixante chevaliers entrer ensemble en champ clos, menés en laisse par des dames montées sur de superbes palefrois. La présence des femmes à ces joutes fait naître des rivalités qui produisent de sanglants combats. Plus de quinze cents chevaliers périssent ainsi dans un siècle ; plus de soixante perdent la vie dans un seul tournoi à Cologne. Rien donc d'étonnant que l'Eglise applique les rigueurs de ses lois envers ceux qui tombent dans des luttes semblables. Heureusement, avec les guerres d'Italie, la chevalerie militaire renaîtra et nous donnera des Bayards. *[Les tournois.]*

La cour de Bourgogne. — La cour de Bourgogne nous offre le tableau le plus complet d'une existence princière au xve siècle. Philippe le Bon (1419-1467), maître de la Bourgogne, de la Flandre, de l'Artois et de la Franche-Comté, sut mieux que ses prédécesseurs mettre en évidence la grandeur de sa maison. C'est à sa cour que se réglaient les destinées de la France. Sa puissance était sans égale, son alliance assurait de la victoire. *[Puissance de la maison de Bourgogne.]*

Signait-il, en effet, le traité de Troyes avec l'Angleterre, la France roulait sur le penchant de sa ruine, son roi n'était plus qu'un roi de Bourges ; mais s'alliait-il avec la France à Arras, Charles VII rentrait dans sa capitale et redevenait roi de France. Même après l'expulsion des Anglais, le roi de France ne fut pas encore solide sur le trône en présence de la maison de Bourgogne ; plus d'une fois, en effet, Charles le Téméraire se plut à mettre Louis XI en échec.

Éclat de la cour. La cour de Bourgogne, par son éclat, faisait un singulier contraste avec celle du pauvre Charles VI, du roi de Bourges ou du monarque de Plessis-lez-Tours. Comme eux le duc avait un parlement et des états à Dole, un conseil, des grands officiers, et mieux qu'eux il savait attirer à sa cour tous les plaisirs, toutes les distractions alors en usage, comme tournois, joutes, cavalcades, pièces de théâtre, danses, etc. Est-il à Bruxelles, ce ne sont que courses et tournois. Va-t-il à Genève, ce sont des joutes sur le lac. S'il revient à Dijon, ce sont des représentations de mystères et de martyres. S'il entre dans Paris, c'est suivi de dames montées sur de belles haquenées et escorté de quatre mille hommes d'armes.

Souvent le duc faisait tous les frais de ces fêtes. A la cérémonie de ses secondes noces à Bruges, une fontaine, élevée devant son palais, versait à l'heure des repas, par différents conduits, des vins du Rhin, de Beaune, de Malvoisie, et de l'eau de rose. Mais la plus célèbre de toutes ces fêtes est celle qu'il donna dans la même ville en instituant l'ordre de la Toison d'or. Au banquet, on voyait sur les tables une église avec ses clochers, ses orgues et ses chantres qui, « en guise de *Benedicite*, dirent une très douce chanson, » un navire avec son équipage, le château de Lusignan avec sa cour et la fée Mélusine, un parc avec prairies, bois, pièces d'eau, rochers de rubis et de saphirs, un Cupidon qui répandait de l'eau de rose, et, sur une colonne, une naïade qui versait l'hypocras. Le buffet était garni de vaisselle d'or et d'argent. Les plats descendaient du milieu de nuages d'azur, et des musiciens à cheval tournaient autour de la salle en jouant des instruments. A la fin du repas, un rideau tomba, et l'on vit se dérouler l'histoire de Jason et de la Toison d'or. Après cela, l'Eglise, escortée de douze vertus, vint supplier le duc de s'armer contre les Turcs : alors le héraut d'armes apporta un faisan richement orné, puis le duc et les vingt-quatre chevaliers de la Toison d'or firent vœu à Dieu, à la Vierge, aux dames et au faisan, de s'armer contre les infidèles. Tous les chevaliers présents à la fête les imitèrent ; l'enthousiame qu'avaient provoqué de copieuses libations était à son comble.

Au grand tournoi de Gand, le duc fit encore don d'un habit couleur vermeille à chacun des vingt-quatre chevaliers qui devaient jouter avec lui. Il était lui-même toujours élégamment vêtu. Une aigrette de plumes de héron et un cimier de plumes d'autruche, avec un magnifique panache de plumes de paon, rendaient son casque « merveilleux à voir; » quarante aunes de ruban d'argent disposé en nœuds et en rosettes relevaient son manteau et sa cotte d'armes. Rien donc d'étonnant que les poètes et les chroniqueurs de cette époque, errants et aventureux comme les chevaliers, aient trouvé asile à cette cour et aient eu envie de nous en dépeindre les merveilles. Parmi ces heureux lettrés citons Georges Chatelain et Olivier de la Marche. Mais cet éclat disparut avec Philippe le Bon. Son successeur ne se plaisait qu'en luttes sanglantes ; aussi l'intelligent Commines abandonna-t-il lui-même Charles le Téméraire, dont il n'était pas compris, pour aller vivre auprès de Louis XI.

Guerre des hussites (1419-1434.) — Les doctrines de Wiclef avaient été importées en Bohême par Jérôme de Prague et adoptées par Jean Huss, confesseur de la reine. Nommé recteur de l'université de Prague (1409), Jean Huss se fit le propagateur zélé de ces erreurs. Bientôt interdit et excommunié, il en appela au futur concile. Sur ces entrefaites (1415) se réunit le concile de Constance, et Jean Huss s'y rendit, muni d'un sauf-conduit impérial. Convaincu d'erreur, il fut dégradé des ordres sacrés, abandonné au bras séculier et conduit au bûcher, où le suivit, après de longues hésitations, son disciple Jérôme de Prague. En agissant ainsi, ni le concile ni l'empereur ne manquèrent à la foi publique, car le sauf-conduit de Jean Huss n'était qu'un simple passeport qui ne pouvait lui assurer l'impunité s'il était trouvé coupable.

Mais, à la nouvelle de la mort de l'hérésiarque, ses disciples prirent les armes, se retirèrent, sous la conduite de Ziska, sur une montagne voisine de Prague, où ils élevèrent la ville de Thabor, et de là se précipitèrent sur Prague et ses environs, qu'ils mirent à feu et à sang. En vain Sigismond voulut leur résister, il fut vaincu près de Deutschbrod. La mort de Ziska (1421) n'arrêta point les succès des hussites. Procope, leur nouveau chef, battit l'électeur de Saxe à Aussig (1426) et promena le fer et la flamme dans toute l'Allemagne. Heureusement la division se mit parmi les hussites : les *calixtins* ou *utraquistes* obtinrent, avec la communion sous les deux espèces, quelques autres faveurs consignées dans le traité, appelées *compactata*, et rentrèrent dans le sein de l'Eglise ; les *thaborites*, vaincus à Bœhmischbrod, se dispersèrent, et l'ordre fut rétabli en Bohême (1435).

Fin du grand schisme d'Occident. — Dès 1409, dans le but de mettre fin au grand schisme, les deux papes Grégoire XII et Benoît XIII ou Pierre de Lune avaient convoqué un concile général à Pise. Ce concile s'était réuni, mais les papes eux-mêmes ne s'y étaient point rendus. Néanmoins le concile avait déposé les deux compétiteurs, qui refusaient de comparaître devant lui, et invité les cardinaux à leur choisir un successeur. Le conclave avait élu Alexandre V, qui peu après avait été remplacé par Jean XXIII. Donc, depuis le concile de Pise, au lieu de deux papes, il y en avait trois.

Voulant éteindre le schisme, le pape de Rome, Jean XXIII, d'accord avec l'empereur Sigismond, convoqua un nouveau concile à Constance (1415). Plus de cent mille étrangers, dont dix-huit mille ecclésiastiques, prélats, docteurs ou simples prêtres, parmi lesquels on remarquait le cardinal Pierre d'Ailly, *l'aigle des docteurs de France*, et son élève, le savant et pieux Gerson, se rendirent dans cette ville. Là, Jean XXIII jura de céder le pontificat dès que Grégoire XII et Benoît XIII se seraient eux-mêmes désistés de leurs prétendus droits, et s'esquiva. Nonobstant l'absence du pape, le concile continua de tenir ses sessions et déposa Jean XXIII. Celui-ci, arrêté dans sa fuite et conduit prisonnier à Heidelberg, se soumit avec résignation aux volontés du concile ; Grégoire XII renonça de lui-même à la papauté ; Benoît XIII, restant sourd à toutes les instances, fut déposé. L'élection de Martin V, universellement reconnu comme vrai et légitime pape, mit fin au grand schisme (11 novembre 1417).

Le concile de Constance n'avait accompli qu'une partie de ses projets : après avoir rétabli la paix dans l'Eglise et condamné les erreurs de Jean Huss, il lui restait à réformer les abus ; mais, malgré les instances de Gerson, Martin V ajourna par prudence l'exécution des réformes

Sous son successeur Eugène IV (1431), un nouveau concile se réunit à Bâle, pour achever l'œuvre de celui de Constance. Mais le pape, voyant que cette nouvelle assemblée était disposée à supprimer les annates, les réserves, etc., et à restreindre l'autorité du saint-siège, prononça sa dissolution et convoqua un concile à Ferrare. Neanmoins le concile de Bâle, qui parfois ne comptait pas quinze pères, continua de se dire œcuménique et de faire des réformes. Il formula les principes sur lesquels reposèrent la pragmatique de Bourges et les prétendues libertés de l'Eglise gallicane. Réduit à chercher un asile à Lausanne et à créer un antipape, il ne forma plus à la fin qu'un conciliabule d'énergumènes universellement méprisés. Pendant ce temps-là, le pape tenait un véritable concile à Florence ; on y faisait de sages réformes et l'on y opérait encore une fois la réconciliation des grecs avec les latins.

VIIᵉ LEÇON

DÉMEMBREMENT DE L'EMPIRE D'ORIENT. — SLAVES ET HONGROIS. — LES TURCS EN EUROPE. — LA MOSCOVIE. — IVAN III.

Les Turcs en Europe ; Slaves et Hongrois. — Au XIIIᵉ siècle, Orthogrul sortit du Khorassan avec une troupe de Turcs et s'établit à Ancyre, dans l'Asie Mineure. *Othman.* Othman (1291-1326), son fils, se déclara indépendant, prit le titre de sultan, envahit les possessions grecques (1299), et mérita de donner son nom à la tribu des Turcs *Ottomans.* *Orkhan.* Orkhan (1326-1360), fils d'Othman, s'empara de Pruse ou Brousse, de Nicomédie, etc., dota son empire d'institutions utiles, et créa les corps redoutables des *janissaires* et des *spahis.* Son fils Soliman, sur l'ordre d'Orthogrul, dont l'ombre lui apparut un soir, au bord de la mer, franchit les Dardanelles avec quelques compagnons, et planta *Prise de Gallipoli, 1356.* l'étendard de Mahomet sur le sol européen. Peu après, Gallipoli, dont un tremblement de terre avait renversé les murailles, et plusieurs autres villes du littoral tombèrent entre les mains des Turcs.

Amurat Iᵉʳ (1360-1389) s'empara d'Andrinople. Après avoir battu sur les bords de la Maritza une armée qui s'était réunie à la voix d'Urbain II, sous les ordres de Louis de Hongrie, il força l'empereur de Constantinople, Jean IV Paléologue, à se reconnaître son vassal, attaqua bientôt les peuples slaves (Bulgares, Serviens, Bosniaques), et perdit 20,000 hommes en luttant contre ces braves défenseurs de la chrétienté ; mais il se vengea à la grande journée de *Amurat Iᵉʳ. Bataille de Cassovo, 1389.* Cassovo (1389). Cependant il ne jouit point de cette victoire ; il fut assassiné par un noble servien avant la fin du combat.

Bajazet. Bajazet (1389-1402) fit la conquête de la Macédoine, de la Thrace et de la Bulgarie, et menaça Constantinople.

L'Occident entendit les cris de détresse de la capitale du Bas-Empire : Jean de Nevers, appelé plus tard Jean *sans Peur*, fils du duc de Bourgogne, avec Boucicault à la tête de la chevalerie française, et Sigismond, roi de Hongrie, dont les Etats étaient en danger, attaquèrent Bajazet à Nicopolis (1396). Les impétueux chevaliers furent vaincus par les janissaires ; heureusement arriva, du côté de l'Asie, le fameux Tamerlan, car Bajazet parlait déjà d'aller faire manger l'avoine à son cheval sur l'autel de Saint-Pierre de Rome. Avant de se diriger vers l'Occident, Bajazet marcha donc au-devant du maître de l'Asie. La rencontre des deux armées eut lieu dans les plaines d'Ancyre (1402); là, Bajazet fut vaincu et fait prisonnier. Cette défaite et les divisions qui éclatèrent alors entre les enfants du sultan arrêtèrent un moment les progrès des Turcs.

Bataille de Nicopolis, 1396.

Bataille d'Ancyre, 1402.

Amurat II (1421-1451), fils du lâche et cruel Mahomet Ier, reprit les armes contre le Bas-Empire, et s'empara de la Bosnie et de la Servie. Il ne fut arrêté dans ses conquêtes que par Jean Huniade, le *chevalier blanc* de Valachie, et Wladislas VI, roi de Hongrie et de Pologne. Vaincu deux fois à Sophia, il signa la paix à Szegedin, et s'ensevelit dans la retraite.

Résistance des Slaves et des Hongrois.

Jean Huniade.

Les Polonais et les Hongrois, cependant, craignant de subir prochainement le sort des autres peuples slaves, reprirent les armes au mépris de la foi jurée. Amurat les écrasa à Varna (1444) ; Wladislas y perdit la vie : le célèbre Georges Castriot ou Scanderbeg et Jean Huniade restaient pour résister au croissant.

Défaite des Slaves à Varna.

Alors parut Mahomet II (1451-1481). Actif et ambitieux, ce jeune sultan arma 300,000 hommes et 300 vaisseaux contre Constantinople. Cette ville, malgré ses remparts et la vaillance de ses habitants, que stimulait par son exemple Constantin XII, tomba entre les mains des Turcs (1453). Sainte-Sophie fut convertie en mosquée ; les Grecs ne conservèrent que leur religion.

Mahomet II.

Prise de Constantinople, 1453.

Mahomet poursuivit ensuite ses conquêtes, il se rendit maître du duché d'Athènes, détruisit l'empire de Trébizonde, la principauté de Sinope, s'empara de Croïa et de toute l'Albanie après la mort de Scanderbeg (1467), qui,

Mort de Scanderbeg.

pendant ses trente années de combat, avait remporté vingt-deux victoires, enfin de Négrepont (1470) et d'Otrante.

Cependant le terrible conquérant avait éprouvé plus d'un échec dans le cours de sa glorieuse carrière. En 1456 il avait été arrêté devant Belgrade, que défendaient Jean Huniade, le *diable des Turcs*, et le légat du pape, Jean de Capistran. Grâce aux diversions que firent les Hongrois, les Polonais et autres Slaves sous la conduite de Mathias Corvin , fils de Jean Huniade, le pape et Venise, le boulevard de la chrétienté, purent lontemps soutenir la lutte contre les barbares musulmans. En 1480, Pierre d'Aubusson, avec ses chevaliers, infligea encore à Mahomet II un échec devant Rhodes.

Bajazet II (1481-1512) dépouilla son frère, l'infortuné Zizim, et tourna ses armes contre l'Egypte. — Sélim le Féroce (1512-1520) fit la guerre aux Persans schiites, s'empara de la Syrie et de l'Egypte, pendant que son amiral Chérédin Barberousse faisait la conquête d'Alger. Il rêvait même la conquête de l'Europe, lorsqu'il mourut. Soliman le Magnifique continuera l'exécution de son entreprise.

La Moscovie, Ivan III. — Un descendant de Rurik, le fondateur du duché de Russie (862), Georges de Souzdal, bâtit Moscou en 1147. Ivan Iᵉʳ reçut en 1327, des Mongols de la Horde d'or, le titre de grand-duc, choisit Moscou pour capitale, prit sous sa protection son métropolitain et toutes les villes voisines, groupa les boyards autour de lui et leur fit comprendre qu'il fallait avant tout secouer le joug des Mongols.

Démétrius Donski, petit-fils d'Ivan, prit le titre de prince de toutes les Russies et refusa de payer le tribut aux Mongols, ce qui amena la sanglante bataille de Koulikou (1380) et le pillage de Moscou. Pourtant, à l'époque de l'apparition de Tamerlan, les Mongols retournèrent vers l'Orient, et Démétrius put rétablir l'ordre et la sécurité dans sa capitale et y bâtir le Kremlin. Son petit-fils Ivan III, qui régna quarante-trois ans (1462-1505), fut le vrai fondateur de l'empire moscovite.

Toujours habile à profiter des circonstances qui pouvaient servir ses intérêts, Ivan III sut se faire craindre et considérer dans toutes les cours, à Vienne comme à Copenhague, à Rome aussi bien qu'à Constantinople. Il massacra tous les envoyés des Mongols, qui venaient chercher le tribut, à l'exception d'un seul, qui fut envoyé annoncer cette nouvelle à son maître ; il soumit la république de Nowogorod, de Pskow, les principautés de Twen, de Vereia, etc., prit le titre d'autocrate de toutes les Russies et rendit tributaire le royaume de Kasan. Ayant épousé Sophie, héritière des Paléologues, il unit les armes de cette famille, l'aigle à deux têtes, au saint Georges des Russes. La force de cet Etat naissant ne tarda pas à inquiéter les nations voisines. « Il n'est pas bon, écrivait Charles-Quint, que la Russie devienne si puissante, car il est nécessaire que la Pologne demeure entière pour l'équilibre de l'Europe. »

Ivan III réforma le clergé russe, la législation, rebâtit le Kremlin avec l'aide d'étrangers, organisa une bonne armée, fit exploiter les mines et força Bajazet à respecter les négociants russes. Il mourut d'un accès de colère. En 1598, la dynastie de Rurik s'éteignit ; en 1613, celle des Romanow la remplaça.

Ivan III.

Indépendance de la Moscovie.

Puissance et réformes d'Ivan.

VIIIe LEÇON

NOUVEAUX PROGRÈS DU POUVOIR MONARCHIQUE. — FRANCE : LOUIS XI ET CHARLES LE TÉMÉRAIRE ; GOUVERNEMENT ET INSTITUTIONS. — CHARLES VIII ET ANNE DE BEAUJEU. — ÉTATS GÉNÉRAUX DE 1484.

Louis XI (1461-1483) et Charles le Téméraire. — Banni de la cour par son père Charles VII, à la suite de la *Praguerie*, expulsé même du Dauphiné, son apanage, par le comte de Chabannes, le dauphin Louis s'était retiré à la cour du duc de Bourgogne ; en apprenant la mort du roi, qu'il semblait attendre depuis longtemps, il rentra en France et se fit sacrer à Reims. Sous l'ancien chef de la Praguerie, les seigneurs s'attendaient à recouvrer leurs privilèges, ou du moins à vivre indépendants ; ils ne tardèrent pas à s'apercevoir qu'ils se trompaient. Aussi, dès 1464, le clergé, les grands et le peuple formèrent-ils contre lui la *ligue du bien public*.

La *ligue du bien public*, 1464.

Le mécontentement était général. Le clergé gallican regrettait l'abolition de la pragmatique de Bourges. Parmi les princes, les deux plus puissants, le comte de Charolais, fils du duc de Bourgogne Philippe le Bon, et le duc de Bretagne, François II, avaient été joués par le rusé monarque. Louis XI leur avait promis à tous deux le gouvernement de la Normandie et l'avait gardé pour lui. En outre, il avait vivement irrité le comte de Charolais en rachetant les places fortes de la Somme livrées à Philippe le Bon au traité d'Arras. La maison d'Orléans, héritière de Valentine Visconti, était surtout mécontente de ce qu'il avait reconnu les droits des Sforza au duché de Milan, et le peuple se plaignait de l'augmentation des impôts. Pour rompre cette ligue, Louis XI convoqua les notables du nord de la France à Rouen et les princes à Tours : « il leur parla si honnêtement à tous qu'ils se donnèrent à lui corps et biens ; ensuite il gagna les bourgeois de Paris en les admettant à sa table et en abolissant les aides. Quand il n'eut plus en face de lui que quelques seigneurs, il prit les armes, imposa la paix au duc de Bourbon et aux autres seigneurs du Centre, et livra aux Bretons et aux Bourguignons la bataille indécise de Montlhéry, qui fut suivie des traités de Conflans et de Saint-Maur.

Bataille de Montlhéry.

Traités de Conflans et de Saint-Maur, 1465.

Par ces traités, Louis XI promettait la Normandie à son frère Charles, qui ne trouvait pas le Berry un apanage suffisant ; les villes de la Somme, Péronne, Roye et Montdidier, au comte de Charolais ; Etampes au duc de Bretagne ; l'épée de connétable au comte de Saint-Pol. Louis XI donna l'épée de connétable au comte de Saint-Pol, 120,000 livres à Jean de Calabre, fils de René d'Anjou, car il voulait diviser ses ennemis, mais il ne voulut point livrer la Normandie : il ne pouvait pas, disait-il, céder cette province sans le consentement des états, et ceux-ci le refusaient. Alors une nouvelle ligue se forma.

L'habile Louis XI sut faire face à tous ses ennemis. Pour obliger le comte de Charolais à rester dans ses Etats, il poussa les Liégeois à la révolte et marcha contre le duc de Bretagne. Après avoir imposé à celui-ci le traité d'Ancenis, il se rendit à Péronne pour négocier avec le comte de Charolais. Celui-ci, devenu duc de Bourgogne (1467), ayant connu les intrigues du roi en Flandre, le fit enfermer dans la tour où était mort Charles le Simple. Le rusé monarque. honteux surtout de voir sa prudence en défaut, retrouva pourtant son étoile. Du fond de sa prison, il gagna Philippe de Commines, conseiller du duc, obtint sa délivrance et jura sur la croix de Saint-Laud de donner la Champagne à son frère Charles, duc de Berry. Mais, une fois en liberté, il se garda bien de se priver de cette province, qui séparait la Flandre de la Bourgogne, et donna la Guyenne à son frère. La guerre recommença entre les deux rivaux, puis cessa presque aussitôt, car ils s'aperçurent que Saint-Pol les trahissait tous deux et exploitait leur inimitié.

Deuxième ligue, 1467.

Traité de Péronne, 1468.

La paix ne dura pas longtemps. La mort subite de Charles de Guyenne, que le duc de Bourgogne attribuait au poison, arma une troisième ligue. Le duc de Bourgogne se proposait le démembrement de la France. « J'aime tant le bien du royaume, disait-il, qu'au lieu d'un roi j'en voudrais six. » Le fougueux Charles se jeta donc aussitôt *avec moult bons bouchers* sur la petite ville de Nesle, qu'il noya dans le sang, échoua devant Beauvais, que défendit si vaillamment Jeanne Hachette, mais se vengea sur la Normandie. Charles, surnommé *le Téméraire* depuis cette campagne, ne voyant point venir à son secours François II, que l'armée royale avait retenu en Bretagne par la prise d'Ancenis et de la Guerche et forcé à la paix, signa, lui aussi, la trêve de Senlis (1473).

Troisième ligue, 1471.

Trève de Senlis, 1473.

Charles le Téméraire ne pouvait point rester en repos : il rêvait la transformation de son duché en royaume. Il possédait la Bourgogne, la Franche-Comté, la Flandre, la

Projets de Charles le Téméraire.

Gueldre, la Hollande, la Frise, la Zélande, il avait la jouissance de la haute Alsace, il ne lui manquait donc que la Lorraine pour avoir des Etats dignes d'un roi ; aussi mit-il tout en œuvre pour se rendre maître de cette province. Il s'empara d'abord du jeune René II, mais Louis XI l'obligea de le remettre en liberté. Le Téméraire ne se découragea point. Il allait obtenir à Trèves, de Frédéric III, le titre de *royaume de Gaule-Belgique* pour ses Etats, lorsque Louis XI encore gagna l'empereur, qui sortit de Trèves sans même voir le duc. Celui-ci n'était pas au bout de ses déceptions : bientôt, toujours par les intrigues du roi de France, l'archiduc Sigismond, les Suisses, les villes libres de l'Alsace, se liguèrent contre lui et envoyèrent à l'échafaud Hagenbach, son représentant dans le comté de Ferrette. Charles, découvrant enfin les menées de Louis XI, forma contre cet astucieux monarque, avec le roi d'Angleterre, le duc de Bretagne et Saint-Pol, une quatrième ligue. Mais il ruina sa belle armée en s'obstinant à faire le siège de Neuss, sur le Rhin : aussi, quand le roi d'Angleterre, auquel il avait promis des renforts, vint en France, il n'eut à lui donner que des promesses : le connétable de Saint-Pol devait, disait-il, leur faire bon accueil. Ils se dirigèrent tous deux vers Saint-Quentin, et Saint-Pol les reçut à coups de canon. Edouard IV, mécontent, signa alors avec Louis XI la paix marchande de Picquigny (1475).

Charles le Téméraire, désireux de se venger des Suisses, qui, pendant son absence, avaient envahi la Franche-Comté et battu les Bourguignons à Héricourt, signa avec Louis XI la trêve de Soleure. Le duc abandonnait le connétable de Saint-Pol au roi, qui de son côté sacrifiait René de Lorraine au duc.

Maître des Etats de René II, Charles franchit le Jura et mit le siège devant Granson. Les Suisses ne redoutaient point l'armée bourguignonne : n'avaient-ils pas vaincu à Morgarten (1315) les troupes impériales ? n'avaient-ils pas taillé en pièces à Saint-Jacques-sur-la-Birse, près de Bâle (1444), les *grandes compagnies* que Charles VII avait envoyées, sous la conduite du dauphin Louis, au secours de Frédéric III ? Aussi, à la nouvelle que le Téméraire avait fait périr tous les défenseurs de Granson qui s'étaient rendus après quinze jours de résistance, sur la promesse qu'ils auraient la vie sauve, la conque de corne de bœuf appela aux armes les pâtres des montagnes, et l'armée confédérée de Schwitz, Berne, Soleure et Fribourg se trouva devant Granson. La lutte était vivement engagée, déjà les Suisses gagnaient du terrain, lorsque soudain retentirent de leur côté le taureau d'Uri et la vache d'Unterwalden : c'était le contingent de ces cantons qui arrivait avec celui de Lucerne renforcer l'armée helvétique. Aussitôt les Bourguignons, effrayés, lâchèrent pied et prirent la fuite. La tente, l'épée, le sceau et toutes les richesses du duc tombèrent entre les mains des vainqueurs (3 mars 1476). *Défaite du Téméraire à Granson*

Trois mois plus tard, Charles le Téméraire partit de Lausanne à la tête de trente-six mille hommes, et parut devant Morat, disant : « Je déjeunerai à Morat, je dînerai à Fribourg et je souperai à Berne. » Il resta plus d'un mois devant Morat et y subit un nouveau désastre (22 juin 1476). Pour perpétuer le souvenir de leur victoire, les Suisses élevèrent, avec les ossements des vaincus, l'ossuaire de Morat, que les armées françaises détruisirent en 1798. *et à Morat, 1476.*

Retiré au château de la Rivière (Doubs), tour à tour en proie à la colère, à l'ivresse ou à la mélancolie, le Téméraire abandonna l'administration de son duché. Apprenant que René II était entré dans sa capitale, il marcha contre lui ; mais l'infortuné duc de Bourgogne fut trahi par Campo-Basso, vaincu et tué devant Nancy. « Biau cher cousin, dit René en considérant son cadavre déjà décomposé, Dieu ait votre âme, vous nous avez fait moult maux. » (Janvier 1477) *Sa mort à Nancy*

Louis XI, comptant marier l'héritière de Charles le Téméraire à son fils, qui devait devenir roi sous le nom de Charles VIII, s'empara de la Bourgogne et souleva la Flandre, pour décider Marie à chercher plus promptement un tuteur. Mais Marie de Bourgogne connut la fourberie du roi de France et donna sa main à Maximilien d'Autriche. Louis XI attaqua ce prince et fut vaincu à Guinegatte. La mort de Marie amena le traité d'Arras (1482), qui donnait à la France la Bourgogne et l'Artois, *Traité d'Arras.*

et promettait au Dauphin la main de la jeune Marguerite, fille de Maximilien et de Marie, avec la Flandre et la Franche-Comté pour dot. L'année suivante (1483), malgré tous ses soins pour conserver la vie, Louis XI, exhorté à la résignation par l'ermite François de Paule, mourut dans son château de Plessis-lez-Tours. Il était âgé de soixante-un ans.

Mort e Louis XI.

Gouvernement et institutions — Louis XI nous offre une physionomie vraiment originale. Il n'a pour conseillers, ou plutôt pour familiers, car il porte tout son conseil dans sa tête, que de petites gens, des fils de marchands ou de meuniers, comme Lucois, son ministre des finances ; Coythier, son médecin ; Olivier le Daim, son barbier ; Pierre des Habiletés, son cuisinier ; la Balue ; Tristan l'Ermite. Il s'habille simplement ; il n'a pour toute parure qu'une madone de plomb à son chapeau. Des chausse-trapes, des gibets, ornent les avenues de Plessis-lez-Tours, sa résidence ; des danses de paysans et de paysannes, des combats de chats et de rats, voilà toutes ses distractions. Cependant ce roi s'est proposé de grandes choses, et il a réalisé ses projets. Précurseur de Richelieu et de Louis XIV, il a fait autant qu'eux pour l'uniformité administrative, l'unité territoriale de la France et le pouvoir monarchique : comme l'a dit François Ier : « Il a mis la royauté hors de pages. »

La cour de Louis XI.

Après avoir éloigné du trône la haute aristocratie, dont cette parole du duc de Bourgogne : « J'aime tant le bien du royaume qu'au lieu d'un roi j'en voudrais six, » révélait toute la pensée, Louis XI l'attaqua. Pour en triompher et élever sur ses ruines l'édifice monarchique, il fallait détruire sa puissance militaire, sa juridiction, et lui reprendre les provinces. Cette grande tâche, Louis XI l'accomplit, et, pour cela, tout lui fut bon : ruse, fourberie et violence. Il se servit aussi des états généraux et surtout des notables, qui lui aidèrent à se dégager de ses promesses ; des bourgeois, qu'il gagna par des flatteries ; de l'armée, qu'il renforça de corps étrangers (Écossais et Suisses) et d'une bonne artillerie, et qu'il plaça sous son autorité immédiate, après avoir supprimé le corps trop

Projets et politique de Louis XI.

indépendant des francs-archers : il sut également tirer un bon parti des pe uples voisins, Flamands, Suisses, Italiens, Catalans et même des Ecossais. Enfin, il mit tout à profit, jusqu'à sa dévotion, qui le conduisait souvent aux sanctuaires de Saint-Sauveur de Redon, du mont Saint-Michel ou de Notre-Dame de Liesse (Aisne), car, dans ces pieux pèlerinages, il ne manquait point de jeter un coup d'œil sur les places des ducs de Bretagne et de Bourgogne ni de sonder la fidélité de leurs sujets. Nous connaissons déjà les résultats de sa lutte contre les princes français et de sa politique à l'extérieur.

Mais Louis XI obtint plus par ses ordonnances, ses négociations diplomatiques et par les condamnations judiciaires, que par les armes. Ainsi, pour ruiner la puissance militaire des grands, il déclara que les villes pourraient racheter le commandement de leur garnison, demeuré jusqu'alors aux mains de la noblesse. En instituant les parlements de Dijon et de Bordeaux, il restreignit l'étendue de la juridiction seigneuriale en Bourgogne et en Guyenne. Enfin il acquit au détriment des princes, *Acquisitions territoriales.* par négociations ou achats : l'Anjou, la Provence, le Maine, le Barrois, la Bourgogne, la Franche-Comté, la Picardie, l'Artois, le Roussillon et la Cerdagne (prix de onze cents lances), et, par le supplice bien mérité des chefs de ces maisons, le comté d'Armagnac, les principautés de Nemours et de Saint-Pol. Il poursuivit la noblesse jusque dans les rangs du clergé, car ce ne fut que pour empêcher les cadets de famille de s'établir dans les meilleurs bénéfices qu'il abolit la pragmatique sanction de Bourges.

Mais, en attaquant la noblesse, Louis XI ne laissa point le clergé, la bourgeoisie ou le parlement s'affranchir de son autorité. Pour conserver le clergé dans sa dépendance, il sanctionna les arrêts portés contre lui par le *Soumission du clergé, de la bourgeoisie et du parlement.* parlement en vertu des articles de cette pragmatique qu'au cours de ses négociations avec Rome il déclarait abolie. Il mit les communes sous son autorité directe en enlevant aux bourgeois l'élection de leur maire, dont il se réservait le choix, et, pour mieux affirmer sa puissance devant le tiers état, il porta lui-même le chiffre de la taille à quatre millions. Tout en étendant la juridiction du parlement et des magistrats royaux, qu'il rendit inamovibles, il eut soin de leur faire comprendre qu'il était leur souverain, par la nomination de ces *commissions judiciaires* que présidait Pierre Doriole, par les lettres de jussion, etc.

A Louis XI, Caen, Besançon, etc., durent leur université ; Lyon et Beaucaire, leurs grandes foires ; Lyon et Tours, leurs manufactures de soie ; la Rochelle et Bayonne, le commerce de leur port. La France dut à ce prince *l'établissement des postes*, qui alors ne servaient guère qu'au roi, le développement de l'imprimerie, du commerce, etc., l'ouverture d'un grand nombre de routes, et son réveil littéraire, favorisé par Commines, Villon et par le roi lui-même, qui, à la cour de Bourgogne, travailla à la rédaction des *Cent Nouvelles nouvelles,* et écrivit le *Rosier des guerres* pour son fils. Donc, à tout prendre, « Louis XI était un roi. »

Charles VIII et Anne de Beaujeu. — Etats généraux de 1484.

— En mourant, Louis XI avait placé Charles VIII, enfant de treize ans, sous la tutelle de sa sœur aînée, Anne de Beaujeu, qui en tout était « une vraie image de son père. » Un pareil gouvernement parut commode aux seigneurs pour recouvrer leurs privilèges. Après avoir fait condamner Coythier à la perte de ses biens et envoyé Olivier le Daim au gibet de Montfaucon, ils demandèrent la convocation des états généraux.

Les états, à l'élection desquels *les paysans prirent part pour la première fois,* se réunirent à Tours, au palais archiépiscopal. Ils se divisèrent non pas en ordres, mais en *six nations* (France, Normandie, Bourgogne, Aquitaine, Languedoc et Languedoïl), et chargèrent trente-six commissaires de fondre ensemble les cahiers de doléances rédigés par leurs bureaux ; de plus, au lieu du vote par ordre, on établit, en principe du moins, le vote par tête.

Le clergé demanda le rétablissement de la pragmatique de Bourges ; la noblesse, le droit de chasse, le droit de justice et toutes les grandes charges militaires ; le tiers, l'abolition de la taille et du droit de pourvoirie, la suppression des pensions, des offices inutiles, des commissions judiciaires, la rédaction des coutumes et la tenue périodique des états.

Le roi prit d'abord ces demandes en considération, mais, une fois que les états eurent voté la taille (1,500,000 l.), il ne reparut plus à l'assemblée. Les états généraux de 1484 n'eurent donc d'autres résultats que d'affirmer le droit, pour la nation, de voter l'impôt et de protester contre les empiétements progressifs de la royauté.

Mais les opinions de l'époque sur la nature du gouvernement nous apparaissent plus clairement que dans les vœux des états, dans la discussion qui s'éleva, dès l'ouverture de l'assemblée, relativement à l'exercice du pouvoir royal dans le cas de minorité. La noblesse prétendit qu'alors la tutelle du jeune roi devait appartenir aux princes du sang, et le tiers soutint par l'organe de Philippe Pot, député bourguignon, que la souveraineté étant non un héritage, mais un office confié au roi par le peuple, devait revenir aux états généraux. *Question importante posée par Philippe Pot.*

Cependant, dans le cas présent, ceux-ci manquèrent de courage ou d'adresse pour mettre en pratique cette théorie : Anne de Beaujeu, « femme fine et déliée s'il en fut oncques, » fut assez habile pour garder la tutelle de son frère. Elle dut, il est vrai, lui laisser la présidence du conseil et la signature des actes ; mais, en sœur prudente, elle ne présenta au jeune Charles que des pièces bien examinées et bien choisies. *Habileté d'Anne de Beaujeu.*

Le duc d'Orléans, trompé dans les espérances qu'il avait fondées sur les états généraux, excita les ducs de Bourbon, d'Angoulême et d'Alençon, Dunois, etc., à prendre les armes contre la cour. Cette téméraire entreprise fut justement appelée la *guerre folle*. Dès le début des hostilités, en effet, le duc d'Orléans fut obligé de capituler dans Verneuil. *La guerre folle.*

Néanmoins il ne se tint pas pour vaincu. Il demanda du secours à l'empereur Maximilien, au roi Richard III, au duc de Bretagne François II, et, avec l'appui de ces étrangers, il recommença la guerre. Mais il fut encore battu partout avec ses alliés.

Enfin il organisa une troisième ligue : celle-ci n'eut

pas plus de succès que les autres : Anne de Beaujeu, par son adresse et son activité, sut rétablir le calme dans les provinces et faire face aux ennemis du dehors. La bataille de Saint-Aubin-du-Cormier, en Bretagne (1488), où la Trémouille battit et prit le duc d'Orléans, mit fin à la guerre. La régente exploita habilement cette victoire : elle prépara, par le traité de Sablé, le mariage de Charles VIII avec la fille de François II, Anne, l'héritière de la Bretagne. En effet, après la mort du duc, qui arriva sur ces entrefaites, Anne de Bretagne fut contrainte de donner sa main au roi de France. Cette union excita la jalousie du roi d'Angleterre, Henri VII, de Ferdinand le Catholique, et mécontenta surtout Maximilien, dont la fille, Marguerite d'Autriche, était fiancée à Charles VIII.

Ces princes se liguèrent ensemble contre la France. Le chevaleresque Charles VIII, qui rêvait déjà la conquête de Naples, voulant rompre à tout prix cette coalition, promit, à Etaples, 750,000 écus à Henri VII ; donna, à Senlis, l'Artois et la Franche-Comté à Maximilien, et, à Narbonne, le Roussillon et la Cerdagne à Ferdinand le Catholique (1493).

Défaite du duc d'Orléans à Saint-Aubin-du-Cormier.

Traité de Sablé.

Acquisition de la Bretagne.

Traité d'Etaples, de Senlis et de Narbonne.

IXe LEÇON

ANGLETERRE. — AVÉNEMENT DES TUDORS. — LA CONSTITUTION ANGLAISE A LA FIN DU XVe SIÈCLE.

Edouard Ier.

L'Angleterre de 1272 à 1485. — Edouard Ier (1272-1307) soumit les Gallois et donna à son fils aîné le titre de prince de Galles. Il ne put point soumettre l'Ecosse, malgré ses victoires sur le roi Baliol, à *Dunbar* (1297), et sur Wallace, son successeur, à *Falkirck* (1298). — Ses guerres contre Philippe le Bel.

Edouard II.

Edouard II (1307-1327) voulut recommencer la lutte contre les Ecossais, mais il fut vaincu par Robert Bruce à *Bannock-Burn* (1314). Il ne fut pas plus heureux dans son royaume. Devenu le jouet de sa femme, Isabelle, fille de Philippe IV, et de Mortimer, il fut détrôné et assassiné.

Edouard III (1327-1377) pendit Mortimer aux ormes de Tyburn. Pendant qu'il faisait sa belle expédition en France (de Saint-Vaast-la-Hougue à Calais par Caen, Meulan, Crécy), sa femme, Philippa de Hainaut, battait et faisait prisonnier, à *Newill-Cross,* le roi d'Ecosse, qui avait pénétré en Angleterre. — Ses succès et ceux de son fils, le prince Noir, dans la guerre de Cent ans. *Edouard III.*

Richard II (1377-1399), dont la minorité avait été troublée par l'hérésie de Wiclef et la révolte de Watt-Tyler, fut heureux tant que vécut la *bonne reine* Anne ; mais son nouveau mariage avec Isabelle, fille d'Isabeau de Bavière et de Charles VI, fut regardé comme un crime et mécontenta la nation. Pour prévenir une révolte, Richard fit étouffer le duc de Glocester et bannit plusieurs princes du royaume. L'un de ces proscrits, son cousin, Henri d'Hereford, fils de Jean de Lancastre, rentra peu après en Angleterre, le renversa du trône, se mit à sa place sous le nom de Henri IV, et le fit périr à Pontefract. *Richard II.* *Avènement de Henri IV.*

Henri IV s'affermit sur le trône par la victoire de *Shrewsbury* sur les partisans du jeune Edmond Mortimer, héritier des Clarence, et par la défaite des Gallois aux bords de l'Usk.

Henri V (1413-1422) illustra son règne par sa grande victoire d'*Azincourt* (1415) et par le traité de Troyes (1420). A sa mort, il laissait à son fils, Henri VI, les couronnes *Henri V.*

Edouard Ier. fils de Henri III. ✝ 1272.

Edouard II épouse Isabelle de France.

Edouard III épouse Philippa de Hainaut.

Le Prince Noir.	Lionel de Clarence.	Jean de Lancastre.		Edmond d'York.	
Richard II.	Une fille, aïeule d'Edmond et d'Anne Mortimer.	*Henri IV.*	Un fils naturel de qui descendait Marguerite de Lancastre.	Richard ép. Anne Mortimer.	
		Henri V.		Richard, le *protecteur.*	
		Henri VI.		*Edouard IV* (1461-1483).	Clarence. Warwick.
		Prince de Galles.		*Richard III* (1483-1485).	
		Edouard V, Richard. Elisabeth. ✝ 1483.			

de France et d'Angleterre. Henri les perdit toutes deux.

Henri VI (1422-1471), placé pendant sa minorité sous la tutelle de ses oncles, les ducs de Bedford et de Glocester, avait épousé une princesse française, Marguerite d'Anjou, perdu les provinces que l'Angleterre possédait sur le continent, et fait assassiner le duc de Glocester : tout cela l'avait rendu impopulaire. Le duc d'York, Richard, qui par sa mère, Anne Mortimer, avait hérité des droits des Clarence, résolut alors d'exploiter les fautes et les malheurs de Henri VI, et le représenta comme un usurpateur. Se voyant bientôt soutenu par un grand nombre de princes, parmi lesquels on remarquait le fameux comte de Warwick, il prit les armes et revendiqua le trône. La sanglante guerre des deux Roses, entre la maison d'York (rose blanche) et celle de Lancastre (rose rouge), commençait.

La victoire du duc d'York à Saint-Alban (1455) lui valut le titre de *protecteur*, et celle de Northampton (1460) celui d'héritier du trône, au détriment du jeune prince de Galles.

Cependant Marguerite ne consentait point à ces arrangements que venait de faire le parlement avec le protecteur ; femme pleine de courage, elle s'arma pour la défense des droits de son jeune fils, et remporta une victoire à Wakefield (1460). Richard périt dans le combat; sa tête fut ceinte d'une couronne de papier et exposée sur les murailles d'York. Son fils, le jeune comte de Rutland, fut cruellement assassiné. « Ton père a tué mon père, lui dit lord Clifford, il faut que tu meures; » et il égorgea froidement cet enfant de douze ans. Une seconde victoire remportée par Marguerite à Saint-Alban rendit la liberté et le trône à Henri VI.

Mais Warwick proclama roi d'Angleterre (1461) Edouard, fils de Richard, défit les lancastriens à la journée de Towton (1461) et, à celle d'Exham, Marguerite elle-même, que soutenait Louis XI. Henri VI fut pris et enfermé à la Tour ; Marguerite et son fils, le prince de Galles, s'enfuirent dans les provinces du nord, et, après quelques mois d'une vie errante à travers les forêts, s'embarquèrent pour la France.

Peu après, trouvant Edouard IV trop dévoué aux intérêts des parents de la reine, Elisabeth Wideville, Warwick, le *faiseur de rois,* renversa son protégé, battit ses troupes à Nottingham (1470) et rendit la couronne à Henri VI. Edouard IV réussit cependant, avec l'appui du duc de Bourgogne, à vaincre Warwick à Barnet (1471), Marguerite à Tewkesbury, et à recouvrer le trône. Alors il se débarrassa de tous ses ennemis : Marguerite fut enfermée à la Tour, Henri VI périt dans une prison, le duc de Clarence, condamné à mort, se noya dans un tonneau de vin de Malvoisie ; déjà Warwick était mort à Barnet, et le prince de Galles y avait été massacré. Après une expédition en France (traité de Picquigny, délivrance de Marguerite) (1475), Edouard IV périt lui-même victime de ses débauches, laissant la couronne à son fils Edouard V, sous la tutelle de Richard, duc de Glocester.

Mais Glocester, bien servi par Buckingham, relégua les deux enfants d'Edouard à la Tour, où l'infâme Tyrrel, son agent, les étouffa, et lui-même monta sur le trône, sous le nom de Richard III. Tant de cruauté méritait un châtiment. Un descendant des Lancastre existait encore, caché en Bretagne, Buckingham l'appela, et l'exilé répondit à son appel.

Avènement des Tudors. — Henri de Richemond, avec les flottes réunies de France et de Bretagne, fit voile de Harfleur vers l'Angleterre, et débarqua sans peine dans cette île. Richard s'avança au-devant de ce rival jusqu'à Bosworth ; là, un combat s'engagea entre les deux armées. Richard, voyant ses soldats lui refuser obéissance, s'élance dans les rangs ennemis en criant : Trahison ! et

LES TUDORS

Le Gallois Owen Tudor épouse Catherine, fille de Charles VI et veuve de Henri V.

Edmond Tudor, comte de Richemond, épouse Marguerite, héritière de Lancastre.

Henri VII Tudor (1485-1509) ép. Elisabeth, sœur des enfants d'Edouard.

cherche son ennemi, pour lui fendre le crâne. « Mais entouré de toutes parts, abandonné des siens, trahi par ses vassaux, il est percé de coups et tombe mort au pied du monticule d'Amyon-Lays, teignant de son sang l'eau d'un petit ruisseau qui s'échappe de la colline, et dont le paysan n'oserait boire encore aujourd'hui, par un sentiment de terreur superstitieuse » (1485). Le vainqueur entrait peu après dans Londres, aux acclamations du peuple, recevait le diadème des mains de l'archevêque de Cantorbéry, et entendait le parlement déclarer, dit Audin [1], que la couronne « était, restait, demeurait et appartenait à la personne royale du souverain seigneur actuel, Henri VII, et à ses héritiers. » Le pape Innocent VIII confirma le statut du parlement et accorda à Henri les dispenses nécessaires pour épouser sa cousine Elisabeth Le mariage de l'héritier de Lancastre avec l'héritière d'York mit fin à la guerre civile qui désolait depuis si longtemps l'Angleterre et affermit les Tudors sur le trône.

Cependant les yorkistes, réduits à des expédients puérils, provoquèrent encore quelques troubles dans le royaume : ils façonnèrent le boulanger Lambert Simmel à jouer le rôle de Warwick, fils du duc de Clarence ; mais Henri VII battit et prit à Stoke cet aventurier, qu'il relégua dans les cuisines royales. Henri VII s'empara pareillement du juif Perkins Warbeck, que Charles VIII, la duchesse douairière de Bourgogne et Jacques IV d'Ecosse reconnaissaient pour le jeune Richard d'York, et l'envoya au gibet. Peu de temps après le vrai Warwick eut la tête tranchée.

Depuis lors Henri VII ne pensa plus qu'à rendre son pouvoir absolu et qu'à remplir ses coffres. La suppression du droit de *maintenance* [2], qui ruinait la puissance militaire des nobles ; l'abolition de la *substitution*, qui leur permettait d'aliéner leurs domaines ; l'établissement de la *cour étoilée*, tribunal suprême qui jugeait sans l'assistance du jury, et *l'acte de Poynings*, qui déclarait que

---

[1] *Histoire de Henri VIII.*

[2] Coutume qui autorisait les seigneurs à soutenir leurs différends à main armée.

tous les statuts du parlement anglais feraient loi désormais en Irlande, servirent ses ambitieux projets. Avec la connivence du parlement, qui, au milieu des guerres, avait oublié ses devoirs et ses droits, le cupide monarque remplit son trésor par des confiscations, des amendes, des taxes arbitraires et des emprunts forcés, ironiquement appelés *bénévolences*.

Le surnom de *Salomon d'Angleterre* donné à un prince pareil nous révèle l'abaissement dans lequel étaient tombés les caractères pendant ces fréquents changements de dynastie. — Mariage de la fille aînée de Henri VII avec Jacques IV, et de Henri VIII avec Catherine d'Aragon, déjà veuve du prince de Galles. Découverte de Terre-Neuve par Sébastien Cabotto. Mort de Henri VII (1509).

La Constitution anglaise à la fin du quinzième siècle. — Le parlement d'Angleterre, établi par Simon de Leicester en 1264 , n'avait pas simplement conservé les droits de la nation inscrits dans la *grande charte* et dans les *statuts d'Oxford* (voyez Cours de 3e), il les avait étendus et déterminés. Grâce à ses persévérants efforts, l'Angleterre jouissait, dès la fin du xve siècle, de tous les avantages d'un gouvernement constitutionnel.

Le *roi* avait le pouvoir exécutif ; ses ministres, *responsables*, étaient obligés, en entrant en charge, de prêter serment d'obéissance à la loi, et ils pouvaient être mis en accusation par la chambre des communes. La couronne était héréditaire dans la famille des Tudors ; à défaut d'héritiers mâles, les femmes étaient appelées au trône.

Droits du roi.

Le pouvoir législatif appartenait au *parlement*. Celui-ci se composait de deux *chambres*, la *chambre des lords* et la *chambre des communes*. Dans la première siégeaient, par droit héréditaire, les évêques, quelques abbés, les grands barons, les conseillers et les juges royaux ; dans la seconde, les chevaliers des comtés et les représentants des bourgs ou communes, nommés par les électeurs. Les députés des communes étaient rétribués par leurs commettants : les chevaliers avaient quatre shillings par jour, et les représentants des bourgs, deux seulement.

Organisation du parlement.

Le parlement devait être convoqué par le roi trois fois par an. Il avait le droit de voter l'impôt, d'en surveiller la répartition et l'emploi, de discuter les actes publics du roi et des ministres, de régler les questions de régence et de succession au trône, etc.

Les *électeurs* devaient résider dans le comté et posséder une métairie libre de 40 shillings de revenu (50 fr.). Les candidats à la députation devaient être chevaliers, gentilshommes, ou aptes à le devenir. La liberté individuelle était garantie (droit *d'habeas corpus*) ; les accusés ne pouvaient être jugés que par leurs pairs (jury). Cette constitution, œuvre de deux siècles de combats, va malheureusement être sacrifiée par la nation anglaise aux caprices de Henri VIII et d'Elisabeth.

Xe LEÇON

FORMATION DU ROYAUME D'ESPAGNE. — FERDINAND ET ISABELLE. — DÉCOUVERTES MARITIMES. — CHRISTOPHE COLOMB. — LES PORTUGAIS AUX INDES. — LES ESPAGNOLS EN AMÉRIQUE.

Ferdinand le Catholique (1479-1516) et Isabelle. — Au milieu du XVe siècle, la péninsule hispanique comprenait cinq Etats : la Navarre, l'Aragon, la Castille, le Portugal et le royaume de Grenade. Dans les royaumes chrétiens, les *cortès*, formées des représentants du clergé, de la noblesse et des villes, jouissaient de l'autorité législative et contrôlaient l'administration du roi.

En Aragon, un magistrat suprême et inamovible, le grand *justiza*, partageait en quelque sorte le pouvoir souverain avec le roi. Il pouvait évoquer à sa barre toutes les affaires, « défendre au juge ordinaire d'en poursuivre l'instruction, réformer l'administration du gouvernement, examiner toutes les proclamations et les ordonnances du prince, de sa propre autorité exclure les ministres du roi de la conduite des affaires et les forcer à rendre compte de leur administration. C'était le justiza qui prêtait, au nom des barons, ce serment propre à rappeler au monarque qu'il dépendait de ses sujets : « Nous qui valons chacun autant que vous, et qui réunis sommes plus puissants que vous, nous promettons de vous obéir tant que vous maintiendrez nos privilèges et nos libertés ; sinon, non. » Mais vers le milieu du quinzième siècle la puissance des cortès était bien affaiblie, et le justiza lui-même, malgré ses prérogatives, était tombé sous la dépendance du roi [1]. »

Le clergé était très puissant ; la noblesse, presque indépendante ; les communes avaient d'immenses privilèges ou *fueros* ; les ordres militaires de Saint-Jacques de Compostelle, de Calatrava et d'Alcantara pouvaient braver impunément l'autorité royale : de là de sanglantes guerres civiles entre le roi et les grands, des désordres que la *Sainte-Hermandad*, récemment établie, était impuissante à réprimer.

En Aragon, Jean II (1458-1479) avait fait empoisonner don Carlos, prince de Viane, et sa sœur, qu'il avait eus de Blanche d'Evreux, afin de pouvoir donner la Navarre, leur héritage, à Ferdinand, que lui avait donné sa seconde femme, Jeanne Henriquez. Mais, irrités de ces crimes, les Navarrais et les Catalans se révoltèrent, et Jean II ne les soumit qu'après dix ans de lutte et avec l'appui de Louis XI, qui, pour ses onze cents lances, prit le Roussillon.

En Castille, les grands avaient déposé dans les plaines d'Avila leur roi, le tyran et débauché Henri IV (1454-1474), et proclamé à sa place son frère Alphonse ; mais Henri avait pris les armes pour défendre ses droits. La mort d'Alphonse n'arrêta point la guerre ; les grands proclamèrent Isabelle, sœur des deux princes, et obligèrent Henri à la reconnaître pour reine de Castille, au préjudice de Jeanne, sa propre fille. Isabelle, pour avoir

[1] M. L. Todière, *Précis d'histoire de l'Europe.*

un appui, épousa, par les conseils des nobles castillans, Ferdinand, fils de Jean II. Henri IV mourut alors, laissant ses droits à sa fille ; mais Isabelle et Ferdinand défirent à Toro (1478) Jeanne la Bertraneja et son fiancé, le roi de Portugal, et, après la mort de Jean II, réunirent sous leur autorité la Castille et l'Aragon. La formation du royaume d'Espagne était donc en voie de s'accomplir.

Bataille de Toro.

Ferdinand (1479-1516), « ce fourbe heureux, » comme l'appelait Machiavel, secondé par Isabelle, qui joignait un courage chevaleresque et une constance inébranlable à la piété la plus sincère, par le célèbre cardinal Ximénès et par le fameux capitaine Gonzalve de Cordoue, se proposa trois buts : 1° l'unité territoriale ; 2° l'unité religieuse ; 3° l'unité administrative de l'Espagne.

Projets de Ferdinand.

1° Pour obtenir l'unité territoriale, Ferdinand entreprit la conquête du royaume de Grenade. Exploitant habilement la division qui régnait entre les Maures (Abencérages et Zegris), entre le roi Muley-Hassem, son fils Boabdil et Zagal, frère de Muley, il arma le fils contre le père, puis acheta l'amitié de Zagal, et, après la mort de Muley-Hassem, envoya Gonzalve assiéger Grenade.

1° Unité territoriale.

Cette grande ville capitula après neuf mois de résistance (1492). La reine Isabelle montra pendant ce siège la plus noble fermeté. Un incendie ayant alors détruit le camp des Espagnols, elle fit immédiatement élever à sa place une ville qu'elle appela Santa-Fé ou Sainte-Foi.

Conquête du royaume de Grenade, 1492.

Après avoir remis à Ferdinand les clefs de Grenade, le jeune Boabdil prit avec sa mère Aïxa le chemin de l'exil. Arrivé au sommet du mont Padul, d'où l'on découvre Grenade, il jeta un dernier regard sur cette belle cité et se mit à verser des larmes. « Tu as raison, lui dit sa mère, pleure comme une femme le trône que tu n'as pas su défendre en homme. » Depuis lors la montagne a conservé le nom de *Soupirs du Maure.* Les sujets de Boabdil pouvaient rester à Grenade et conserver leurs coutumes et leurs biens.

La conquête de la Navarre (1512) compléta l'unité territoriale.

2° Unité religieuse.

2° Pour obtenir l'unité religieuse, Ferdinand expulsa les juifs, et, au mépris de la capitulation de Grenade, les

Maures eux mêmes, qui refusaient de se convertir, puis réorganisa l'*Inquisition* sous le nom de *saint office*. Ce tribunal fut chargé d'examiner la foi des nouveaux convertis.

Cette institution purement royale, plus politique que religieuse, comprenait le *Conseil* ou la *Suprême*, quarante-cinq inquisiteurs généraux et un grand inquisiteur (le dominicain Torquemada). Les juifs et les Maures trouvés relaps par le saint office étaient condamnés au supplice et abandonnés au bras séculier (*autodafé*). — Plus tard, ce tribunal exercera son autorité sur les protestants et les disciples des philosophes du xviiie siècle.

L'usure pratiquée par les juifs, disent avec raison quelques auteurs, justifie le gouvernement espagnol de leur expulsion, et si l'on considère que dans la Péninsule, où la guerre s'était faite contre les Maures pendant huit siècles au nom de la religion, christianisme et patrie étaient deux mots synonymes, on ne trouvera pas étrange que l'hérésie ait été regardée comme un crime de lèse-nation et punie comme tel. L'accueil fait à Colomb et à ses théories nouvelles suffit pour prouver que le *pays monacal* n'était point ennemi du progrès des sciences.

3° Enfin Ferdinand établit l'unité administrative par la restriction du pouvoir des cortès, par l'abolition des ordres désormais inutiles de Calatrava, d'Alcantara et de Saint-Jacques, par la réorganisation de la Sainte-Hermandad, qu'il chargea d'arrêter les malfaiteurs, d'empêcher les guerres privées, de réprimer la tyrannie des grands et de détruire leurs forteresses.

Isabelle mourut en 1504, laissant la Castille, dont elle s'était réservé le gouvernement, à Jeanne la Folle, épouse de Philippe le Beau, et la régence de ce royaume à Ferdinand. Mais les Castillans invitèrent Jeanne et Philippe à prendre la direction des affaires; cependant la mort prématurée de celui-ci, qui ne laissait que deux enfants en bas âge, les obligea à se mettre sous l'autorité de Ferdinand. Le roi d'Espagne abandonna la régence de la Castille à l'archevêque de Tolède, Ximénès.

« Ce grand homme, dit Leibnitz, que l'Espagne n'aurait pas payé trop cher par le sacrifice d'un de ses royaumes, si les grands hommes pouvaient s'acheter, » se montra,

MAISON D'AUTRICHE

CASTILLE	ARAGON
Jean II (1406-1454), arrière-petit-fils de Henri de Transtamare.	*Jean II* (1458-1479), arrière-petit-fils de Henri de Transtamare, et frère cadet d'Alphonse V, roi des Deux Siciles.

Henri IV (1454-1474).	Alphonse.	Isabelle ép.	*Ferdinand II le Catholique* (1479-1516).	Prince de Viane	Blanche.
Jeanne la Bertraneja.					

Isabelle ép. le roi de Portugal.	Jeanne la Folle ép. Philippe le Beau, ✝ 1506, fils de l'empereur Maximilien.	Catherine ép. en secondes noces Henri VIII.

Charles Ier, roi d'Espagne, 1516, devenu empereur d'Allemagne, 1519, sous le nom de *Charles-Quint* (1516-1556).	*Ferdinand Ier*, empereur (1556-1564).

Philippe II, roi d'Espagne (1556-1598).

dans cette position, magnifique, habile et généreux. Il fonda l'université d'Alcala et fit à ses frais la conquête d'Oran et de Tripoli. Charles d'Autriche, devenu roi après la mort de Ferdinand (1516), affermit son pouvoir en Espagne par la victoire de Villalar sur les *communeros*, que commandait don Juan de Padilla. Communeros et cortès furent soumis depuis lors à l'autorité absolue du monarque.

Les communeros.

Découvertes maritimes; Christophe Colomb.

— En 1441 naquit à Gênes, d'une famille de cardeurs de laine, Christophe Colomb. Après avoir étudié à Pavie l'astronomie et la géographie, il prit successivement du service dans la marine militaire et dans la marine marchande de son pays. Il était établi en Portugal, lorsqu'il se décida à faire des tentatives pour aller chercher ces mondes que la science lui montrait par delà l'Océan, et porter les lumières de l'Evangile à leurs habitants. Traité de rêveur par Gênes, par Jean II de Portugal et par Ferdinand d'Espagne, il fut enfin compris du père Juan Perez, prieur du convent de la Rabida, qui se fit son intercesseur auprès d'Isabelle. Cette reine fournit à Colomb les ressources nécessaires pour faire son expédition.

Le 3 août 1492, le hardi navigateur partit de Palos avec trois petits vaisseaux, la *Santa-Maria*, la *Pinta* et la *Nina*, montés par 120 hommes, au nombre desquels étaient les deux frères Pinson, déjà célèbres comme navigateurs, et, après bien des luttes contre la terreur, les soupçons et les révoltes des gens de l'équipage, après bien des alternatives de crainte et d'espérance, aborda dans les îles Lucayes, à Guanahani, qu'il nomma San-Salvador ou Saint-Sauveur (nuit du 11 au 12 octobre 1492). Il découvrit ensuite Cuba, Haïti, qu'il nomma Saint-Domingue ou Hispaniola, et reprit la route de l'Europe. Après avoir essuyé une forte tempête dans les parages des Açores, il aborda en Portugal. Le roi, la reine et le peuple d'Espagne, transportés d'enthousiasme, comblèrent Colomb de présents, d'éloges et d'honneurs.

Peu après, le *grand amiral de l'Océan* repartit pour les Antilles, appelées dès lors, par une double erreur, les Petites-Indes ou Indes occidentales, et découvrit la Jamaïque, la Dominique, Porto-Rico, etc.

Dans un troisième voyage, il toucha au continent américain sans le reconnaître, près des bouches de l'Orénoque (1498).

Enfin, dans une quatrième expédition, il découvrit la Martinique (1502). Colomb ne goûta point une joie pure au milieu de tant de succès. Défenseur des indigènes, que les aventuriers espagnols maltraitaient, il fut calomnié auprès de Ferdinand : une fois même il revint des Antilles chargé de chaines. Aussi, découragé après la mort d'Isabelle, sa protectrice, mourut-il dans la misère et l'oubli, à Valladolid (1504). Le Florentin Améric Vespuce, en publiant la relation d'un voyage qu'il avait fait dans l'Amérique du Sud, ravit même à Colomb la gloire de donner son nom au nouveau monde.

Les Espagnols en Amérique. — Après la mort de Colomb, les Espagnols continuèrent l'exploration de l'Amérique. Solis toucha au Yucatan (1512). Ponce de Léon visita la Floride et Balboa découvrit la mer du Sud.

Grivalja explora le Mexique et informa Vélasquez, gouverneur de Cuba, des richesses de cette région. Fernand Cortez, chargé d'en faire la conquête, renversa, avec l'appui des Tlascalans, l'empereur Montézuma, et soumit les provinces dont les mines d'or excitaient la convoitise de ses compagnons (1513-1526). Après avoir triomphé des révoltes des Mexicains et de l'armée de Narvaez, que le jaloux Vélasquez avait envoyée contre lui, Cortez fut maître du Mexique. Pourtant cet homme, qui avait donné à Charles-Quint « plus d'Etats que ses pères ne lui avaient laissé de villes, » mourut en disgrâce.

Vers 1519, le Portugais Magellan accomplit, au nom de l'Espagne, le premier voyage qui ait été fait autour du monde. (Détroit de Magellan, mort du navigateur à Timor; retour de ses compagnons en Europe par le cap de Bonne-Espérance.)

Pizarre, d'Almagro et Fernand de Lucques, un ancien maître d'école, firent la conquête du Pérou (1529-1534). Débarqués à Quito, ils attaquèrent le roi Atahualpa à la faveur des divisions des Incas, et s'emparèrent promptement de ses Etats, les plus riches en mines de tous les pays d'Amérique. Pizarre fonda Lima ; d'Almagro conquit le Chili et jeta les fondements de Santiago ; Fernand de Lucques devint évêque ; Orellana, l'un des chefs de l'expédition, alla, avec trente hommes, explorer les rives du Maragnon ou fleuve des Amazones, et contribua à accréditer par ses récits la croyance à l'existence de l'*Eldorado*, contrée de l'Amérique du Sud, où les montagnes étaient d'or et de pierres précieuses. Mais la guerre éclata bientôt entre Pizarre et d'Almagro. D'Almagro, vaincu, fut décapité (1538). Trois ans après, Pizarre fut assassiné à Lima, et toutes ces conquêtes firent retour à la couronne d'Espagne.

Charles-Quint établit en Amérique deux vice-rois, l'un à Mexico, et l'autre à Lima, qui furent assistés, dans le gouvernement civil et militaire, par des *conseils* ou *audiences*. Ces deux gouvernements relevaient, pour l'administration, du *conseil des Indes*, siégeant à Madrid, et pour les affaires commerciales, d'une cour de commerce et de justice établie à Séville.

Mais le monopole du commerce avec les colonies fut réservé aux Espagnols ; encore n'y eut-il que les ports de Séville et de Cadix à pouvoir entretenir des relations avec Vera-Cruz, Carthagène et Porto-Bello, qui étaient les ports privilégiés d'Amérique. Les habitants du nouveau monde durent tirer d'Espagne le vin, l'huile et tous les objets manufacturés.

Règlements commerciaux.

Les Indiens furent obligés de travailler la terre et, malgré les réclamations énergiques de l'évêque Las Casas, condamnés à exploiter les mines au profit des conquérants. Cependant, comme ces infortunés mouraient à la peine, on fit venir des esclaves d'Afrique, et la *traite des nègres* fut autorisée.

Par la découverte de l'Amérique, le centre du commerce, alors renfermé dans le bassin de la Méditerranée, fut déplacé ; le grand courant des affaires s'établit des côtes de l'Europe aux rives orientales de l'Amérique, et la diffusion du numéraire et des métaux précieux sur les marchés favorisa le développement du crédit.

Résultats de la découverte de l'Amérique.

Les Portugais aux Indes. — Les Portugais faisaient concurrence aux Espagnols dans les découvertes. Pour empêcher la guerre d'éclater entre les deux peuples rivaux, Alexandre VI avait assigné à chacun d'eux, par des lignes dites de *marcation* puis de *démarcation*, les régions qu'ils devaient explorer. Depuis lors les Espagnols se dirigèrent vers l'ouest, tandis que les Portugais suivirent le littoral de l'Afrique et prirent la direction de l'est.

Sous la direction de l'infant don Henri, fixé avec des savants près du cap Saint-Vincent, Gilianez s'avança jusqu'au cap Bojador ; Tristan et Gonsalez doublèrent le cap Blanc. Après la mort de Henri, Fernando-Po franchit l'équateur et découvrit l'île qui porte son nom.

L'infant Henri.

Sous Jean II (1481-1495), Barthélemy Diaz toucha à l'extrémité méridionale de l'Afrique (1486), qu'il nomma le *cap des Tourmentes,* et que le roi, bien renseigné sur la forme du continent à cet endroit, appela le *cap de Bonne-Espérance.*

Barthélemy Diaz.

Vasco de Gama doubla ce cap (1497), toucha aux côtes du Mozambique et de Mélinde, et de là se dirigea, à travers

Vasco de Gama.

un golfe de sept cents lieues, vers Calicut, où il mourut dans son troisième voyage. — Le Camoëns (1524-1579) chanta dans les *Lusiades* les voyages de Gama et la gloire du Portugal.

Alvarez de Cabral.

En cherchant la route des Indes, Alvarez de Cabral trouva le Brésil, dont il prit possession au nom du Portugal, et d'Amérique alla fonder un comptoir auprès de Calicut.

D'Alméida.

Mais les vrais fondateurs de l'empire portugais dans les Indes orientales furent François d'Alméida et le grand d'Albuquerque. D'Alméida, qui avait déjà découvert Madagascar et pris Quiloa, devenu vice-roi, conquit tout le Malabar sur le zamorin de Calicut. La prise de Socotora et d'Ormuz, à l'entrée de la mer Rouge et du golfe Persique, par d'Alburquerque, lieutenant du vice-roi, réunit dans une ligue armée contre les Portugais le soudan d'Egypte, le schah de Perse et les Vénitiens, dont le commerce était en souffrance depuis la découverte du nouveau chemin des Indes. La flotte des alliés battit même le fils du vice-roi, déjà célèbre par la découverte de Ceylan. Mais d'Alméida vengea le Portugal et son fils, mort dans le combat, par la ruine de la flotte ennemie. — Au retour de cette campagne le vice-roi entra triomphalement dans Goa, et, à l'exemple des Romains, se fit féliciter sur la mort de son fils.

Conquête de Socotora et d'Ormuz.

Ligue contre les Portugais.

D'Albuquerque.

Destitué à cause de sa rigueur, d'Alméida fut tué chez les Hottentots en retournant en Portugal, et remplacé par le grand d'Albuquerque. Celui-ci soutint la lutte contre les Arabes et les Persans. Des grenades et des boulets, voilà, disait-il aux envoyés du schah, la monnaie des tributs que paie le roi de Portugal. Ce *Mars portugais* étendit sa domination du côté de l'est ; il fit construire des forts à Malacca, à Ternate, à Amboine, et mourut à Goa, dans l'oubli et le chagrin, au moment où il pensait à ruiner l'Egypte en détournant le cours du Nil, et à détruire la Mecque.

Occupation de Malacca, d'Amboine.

Nuno d'Acunha.

Nuno d'Acunha s'empara de Diu pendant que ses compatriotes s'établissaient à Macao et au Japon (1542).

François-Xavier suivit les conquérants, porta la lumière de l'Evangile sur leurs pas, et mérita le glorieux surnom d'apôtre des Indes. Il mourut dans l'île Sancian, en vue de la Chine.

Mais la prospérité et l'opulence ne tardèrent pas à jeter parmi les Portugais des germes de mollesse et de corruption. A part Juan de Castro (1543-1548), homme de foi et d'honneur, qui, voulant avoir des fonds pour reconstruire les murs de Diu, alla jusqu'à engager ses moustaches, et Louis d'Ataïde (1568-1572), qui jura que, lui vivant, le Portugal ne perdrait pas un pouce de terrain, le gouvernement de Lisbonne n'envoya plus dans les Indes que des vice-rois lâches et concussionnaires Aussi, ces riches comptoirs échelonnés depuis Ceuta jusqu'au Japon tombèrent-ils bientôt ; la réunion du Portugal à l'Espagne acheva la ruine de ces colonies. En 1642 elles passeront entre les mains des Hollandais, et, en 1797, entre celles des Anglais.

Juan de Castro.

Louis d'Ataïde.

XIe LEÇON

ÉTAT DE L'ITALIE. — LES MÉDICIS A FLORENCE. — GUERRES D'ITALIE. — LOUIS XII. — LES PAPES JULES II ET LÉON X.

Etat de l'Italie au XVe siècle. — Un territoire partagé entre plusieurs petits gouvernements toujours rivaux, des bandes de *condottieri* courant à travers la Péninsule, de riches cités, de fertiles campagnes, des cours où se pressent des savants et des artistes, partout les marques d'une civilisation brillante, mais partout une corruption profonde, qui se traduit par la licence des mœurs et la politique de Machiavel : tel est le spectacle qu'offre l'Italie à la fin du XVe siècle. Les principaux Etats que l'on y remarque sont les Etats de l'Eglise, la république de Gênes, le duché de Milan, la république de Venise, le royaume de Naples et le duché de Florence.

Les Etats de l'Eglise (patrimoine de saint Pierre, duché de Spolète, marche d'Ancône, Romagne, Bénévent, Avignon) furent gouvernés, pendant la seconde moitié du XVe siècle, par des papes instruits, vertueux et zélés. Au savant Nicolas V (1447-1455) l'Italie dut la paix, malheureusement trop courte, de Lodi. Calixte III (1455-1458) et Pie II (1458-1464) tournèrent principalement leur attention du côté des Ottomans : Mathias Corvin et Scanderbeg leur durent une partie de leurs succès. Nicolas V ordonna même que dans toutes les paroisses l'on sonnât la cloche trois fois le jour, afin de rappeler aux chrétiens que les Turcs étaient toujours menaçants, et Pie II fit prêcher une croisade contre les Turcs ; ce vieillard allait se mettre à la tête de l'armée, il était déjà à Ancône, hâtant les préparatifs de l'expédition, lorsqu'il mourut. Paul II (1464-1471) continua son œuvre. Sixte IV (1471-1484) et Innocent VIII (1484-1492) seraient irréprochables aussi s'ils n'avaient pas tant aimé leurs neveux.

Alexandre VI (1492-1503), ancien officier espagnol, père de César et de Lucrèce Borgia, eut, une fois assis sur le trône de saint Pierre, à en croire des écrits aussi dignes de foi que le Journal de l'Allemand Burchard et que les *Epigrammes* de Sannazar, les vertus d'un pape et les qualités d'un souverain : il mangeait peu, dormait moins encore, payait les dettes des débiteurs malheureux et faisait régner l'ordre, la justice et la paix dans les Etats pontificaux.

Gênes, ruinée depuis la prise de Constantinople, était fort embarrassée de sa liberté. Lassée de ses doges, elle s'était donnée à Louis XI. qui l'avait abandonnée à François Sforza ; puis elle avait repris sa liberté. De nouveau elle venait de renverser son doge Paul Fregosi et de se livrer à Charles VIII ; mais celui-ci la donnait encore au duc de Milan.

Le riche duché de Milan, créé par Galéas Visconti en 1394, était passé aux mains de François Sforza, fils d'un aventurier qui, après avoir été d'abord cordonnier, puis laboureur, était devenu chef d'une bande de condottieri. Lorsque le successeur de François, Galéas Marie, que sa tyrannie et ses débauches rendaient odieux, eut expiré,

LES SFORZA A MILAN

Duché de Milan.

Premier duc de Milan *Galéas Visconti* (1378-1402),
arrière-petit-fils du seigneur Matthieu Visconti.

Jean-Marie (1402-1412).	*Philippe-Marie* (1412-1447).	Valentine Visconti, ✝ 1408 ép. Louis d'Orléans.
	Blanche-Marie, fille naturelle, épouse *François Sforza* (1447-1466).	Charles d'Orléans. Louis XII.
Galéas Marie (1466-1476).		*Ludovic le More* (1494-1500).
Jean Galéas (1473-1494) épouse Isabelle, fille d'Alphonse II de Naples, l'un et l'autre enfermés à Pavie.	*Maximilien* (1512-1515).	*François* (1522-1535).

dans la cathédrale de Milan, sous les coups d'Agliati, Ludovic le More ou le Mûrier profita de la jeunesse de son neveu Jean Galéas pour s'emparer du trône ducal. Peu après, il enferma même le prince et son épouse dans la tour de Pavie. Cet usurpateur espérait, à la faveur des troubles que l'arrivée de Charles VIII exciterait en Italie, s'affermir sur le trône : aussi appelait-il de tous ses vœux le prince français.

République de Venise.

La république de Venise, soucieuse avant tout de ses intérêts commerciaux, luttait alors avec énergie contre les Turcs, qui cependant venaient parfois allumer des incendies jusqu'aux bords de la Piave. Bien qu'elle eût perdu récemment Scutari, Négrepont, une partie du Péloponèse, elle avait encore de belles possessions. Son territoire s'étendait de l'Adda à Zara ; de plus elle avait Chypre, que venait de lui léguer Catharina Cornaro, surnommée, à cause de sa générosité, la *fille de Saint-Marc*, et les riches salines de Rovigo, enlevées au duc de Ferrare. Le tribunal des *Dix* et celui des *trois inquisiteurs* armés du droit de vie et de mort dans d'effroyables proportions, redoutables au doge lui-même, maintenaient l'ordre dans la république.

Royaume de Naples.

Jeanne II, la dernière héritière de Charles Ier d'Anjou,

avait donné le royaume de Naples aux maisons d'Aragon et d'Anjou. Après une longue guerre, Jean de Calabre, fils de René Ier d'Anjou, vaincu définitivement à Troja (1462) par son compétiteur Ferdinand Ier, avait renoncé à la lutte et vendu ses provinces de France et ses droits sur Naples à Louis XI. Ferdinand, par sa dureté, mécontenta la noblesse de son royaume ; aussi un parti puissant appelait-il Charles VIII à Naples.

Les Médicis à Florence. En 1406, la république de Florence avait enfin vaincu Pise et réduit sous sa domination presque toute la Toscane ; Sienne, Lucques, Massa, Carrare et Piombino seulement avaient conservé leur indépendance. Vers cette **Cosme e Médicis.** époque (1429), un simple marchand de laine, Cosme de Médicis, plus riche que le plus puissant roi de l'Europe, ornait Florence la Belle de palais, d'églises, et attirait dans cette cité, par une hospitalité généreuse, les savants qui fuyaient le joug des Turcs. Ses concitoyens lui décernèrent le beau nom de *Père de la patrie*.

Laissez venir le pouvoir, ne faites rien pour le prendre, avait dit Cosme mourant aux membres de sa famille. Son fils Pierre employa néanmoins la violence pour s'emparer de l'autorité. Aussi, les Pazzi, avec l'archevêque de **Conjuration des Pazzi** Pise, Salviati et Riario, formèrent-ils une conjuration contre ses fils, Laurent et Julien. Celui-ci fut même assassiné dans la sombre église de Santa-Reparata. Mais le peuple, déjà tout dévoué aux Médicis, vengea cruellement cette mort et se soumit, avec la plus aveugle confiance, au gouvernement de Laurent.

Laurent le Magnifique. Poète et artiste, Laurent (1469-1492), pour sa libéralité envers les savants et ses goûts littéraires, surnommé le *Magnifique* et le *Père des Muses*, fit de Florence, naguère ville de banquiers et de marchands, une nouvelle Athènes. Partout on y voyait des palais, des musées, des jardins, des bibliothèques. Mais plus occupé dans la société des Politien, des Ficin, des Bibiena et des Pic de la Mirandole, de poésie et de philosophie que d'administration financière, d'ailleurs donnant toujours sans compter, il ruina les Florentins. Les monnaies furent altérées, la rente sur l'Etat descendit à un du cent. Le peuple, se souvenant des trente-deux millions que Cosme avait dépensés pour lui, et justement fier de la splendeur et de la renommée de Florence, pardonna tout à Laurent et laissa le pouvoir à son fils Pierre II. Mais avec ce prince qui ne sut pas, comme son prédécesseur, voiler son pouvoir et ses débauches sous les dehors d'une existence simple et modeste, uniquement consacrée au culte de la poésie et de l'art antique, tout changea à Florence. Les nobles, ou *arrabiati*, conspirèrent contre lui ; les *frateschi*, leurs adversaires, autorisés par l'exemple de leur chef, le dominicain Jérôme Savonarole, l'attaquèrent plus vivement encore.

Ce moine, dans la chaire du couvent de Saint-Marc et dans celle de la cathédrale, tonnait depuis longtemps déjà avec véhémence contre ces *princes* qui corrompaient les mœurs de Florence. Joignant à l'esprit apostolique le patriotisme le plus pur, il ne craignait pas de revendiquer ce pouvoir que les Médicis avaient usurpé : il avait même, disait-on, refusé l'absolution à Laurent, qui, au moment de la mort, n'avait point voulu rendre à Florence sa liberté. Enfin Savonarole, n'obtenant rien de plus de Pierre II, et voyant pénétrer dans les rangs du peuple ces vices que propageaient l'exemple des Médicis et le paganisme littéraire et artistique, annonça et souhaita la venue d'un nouveau Cyrus ; il défendit même, au nom du ciel, de s'opposer à la marche du conquérant envoyé par Dieu pour châtier les tyrans et réformer l'Eglise.

Charles VIII, ainsi désiré par Ludovic le More, par les Napolitains, appelé comme un libérateur par les Florentins, ne se fit pas longtemps attendre. Seul, le pape Alexandre VI, qui connaissait les desseins du roi de France, fit quelques efforts pour faire échouer l'invasion.

Guerres d'Italie (1494-1559). — Les guerres d'Italie durèrent de 1494 jusqu'au traité de Cateau-Cambrésis (1559). Les prétentions de Charles VIII au trône de Naples et celles de Louis XII au trône de Naples et à celui de Milan, prétentions dont héritèrent leurs successeurs, François Ier et Henri II, furent la cause de ces guerres.

Charles VIII conquit puis perdit le royaume de Naples.

Louis XII, après avoir conquis Milan et Naples, perdit aussi ces deux Etats.

François Ier ne put prendre que Milan : encore perdit-il ce duché lorsqu'il eut entrepris la guerre contre Charles-Quint, au nom du principe d'équilibre européen.

Henri II continua la politique de son père. Il fut obligé de renoncer à l'Italie au traité de Cateau-Cambrésis. La maison d'Autriche l'emporta donc sur la France dans les guerres d'Italie ; mais la France prit sa revanche dans la guerre de Trente ans.

Expédition de Charles VIII

Charles VIII, séduit par l'éclat des couronnes de Naples, de Constantinople et de Jérusalem, qu'il pense mettre facilement sur sa tête, et rebelle aux plus sages conseils, signe les traités d'Etaples, etc., réunit à Lyon une magnifique armée et prend la route des Alpes. Il franchit les monts au col de Genèvre, séjourne, se ruine, et danse néanmoins à Turin, pendant que le duc d'Orléans, qui a *Victoire de Rapallo.* pris la voie de mer, bat le frère du roi de Naples à Rapallo (1494).

Reprenant sa route vers Naples, Charles reçoit à Casal un aussi bon accueil qu'à Turin, rend visite aux nobles prisonniers de Pavie ; culbute, au col de Pontremoli, les troupes de Pierre II ; impose au vaincu le traité de Sarzane ; délivre Pise du joug des Florentins ; rançonne Florence, malgré les menaces du gonfalonier Capponi ; obtient d'Alexandre VI, caché derrière les murailles du château Saint-Ange, Djem, frère de Bajazet, empereur de Constantinople, avec Civita-Vecchia, etc. ; renverse à San *Marche triomphante de Charles VIII.* Germano, sur le Garigliano, les troupes de Ferdinand II, successeur du lâche Alphonse II, et entre dans Naples.

LES ROIS DE NAPLES

Alphonse V laisse le trône d'Aragon à son frère Jean II,
et s'assoit sur le trône des Deux-Siciles,
sous le nom d'*Alphonse Ier* (1435 – 1458).

Ferdinand Ier (1458-1494).

Alphonse II (1494-1495).   *Frédéric II* (1496-1501).

| Ferdinand II (1495-1496). | Isabelle. | Ferdinand, prince de Tarente, César, etc. |

Mais à peine Charles jouit-il depuis deux mois, sous le ciel enchanteur de Naples, des délices du repos, qu'il apprend, par une lettre de Commines, que Ludovic le More, Venise, etc., se sont ligués pour l'enfermer dans la Péninsule. Il revient donc en toute hâte vers le nord de l'Italie, et, à la tête de sa petite armée, qu'anime la *furia francese*, il se fait jour au travers des bataillons ennemis au glorieux combat de Fornoue (1495). Charles mourut à Amboise peu de temps après sa rentrée en France (1498).

Victoire de Fornoue, 1495.

Gilbert de Montpensier, resté à Naples avec le titre de vice-roi, avait été obligé, presque aussitôt après le départ de Charles VIII, de sortir de la ville et de capituler dans Atella, malgré les victoires de d'Aubigny à Seminara (1496) et de Précy à Eboli. Peu après il périt à Baïes, et le brave d'Aubigny ramena en France les débris de l'armée expéditionnaire. — A Naples, Frédéric II, devenu maître du trône par la mort de son neveu, put alors goûter un moment de tranquillité.

Expulsion des Français.

A Florence, Savonarole, dont l'influence et le crédit n'avaient fait que diminuer depuis qu'à la mission d'apôtre il avait substitué le rôle de prophète et de tribun, fut excommunié par Alexandre VI et brûlé sur la place *della Signoria*.

LES ROIS DE FRANCE DE 1380 A 1589

Charles V, ✝ 1380.

Charles VI, ✝ 1422. | Louis d'Orléans, ✝ 1407, ép. Valentine Visconti.

Charles VII, ✝ 1461. | Charles d'Orléans. | Jean d'Angoulême. | Dunois.

Louis XI, ✝ 1483. | *Louis XII* (1498-1515) Marie | | Fr. Dunois.

| *Charles VIII*, mort sans enfants en 1498. | Claude ép. François Ier. | Renée ép. le duc d'Este. | Gaston de Foix. | Germaine de Foix. | Charles d'Angoulême. *François Ier* (1515-1547). | Marguerite ép. Henri d'Albret. |

François, ✝ 1536. | *Henri II* (1547-1559).

| *François II* (1559-1560). | *Charles IX,* (1560-1574). | *Henri III* (1574-1589). | Elisabeth ép. Philippe II. | Marguerite ép. Henri de Béarn. |
| | | | Isabelle-Claire-Eugénie. | |

Louis XII (1498-1515). — Le duc d'Orléans, appelé à succéder à Charles VIII, mort sans laisser d'enfants, prit le nom de Louis XII. La diminution de la taille, le renoncement au don de *joyeux avènement*, le pardon qu'il accorda à tous ses ennemis, et particulièrement à la Trémoille, le choix de bons ministres, comme Georges d'Amboise, archevêque de Rouen, surnommé *l'ami du peuple*, etc., tout cela lui gagna l'affection de ses sujets. Malheureusement on retrouva bientôt dans Louis XII l'auteur de la *guerre folle*. Non content, en effet, de s'assurer la possession de la Bretagne en épousant Anne après avoir répudié l'humble et pieuse Jeanne de Valois, il revendiqua, dès le jour de son sacre, les couronnes de Naples, de Jérusalem, et le trône ducal de Milan.

Pour réussir dans ses projets de conquêtes, il gagna César Borgia, qu'il gratifia du duché de Valentinois, de cent lances et d'une pension de 20,000 écus ; il renouvela les traités d'Etaples, de Senlis et de Narbonne, et s'allia avec Venise et Florence. Quand les préparatifs de l'expédition furent achevés, d'Aubigny et Trivulce entrèrent dans le duché de Milan et en chassèrent Ludovic le More. Mais le guelfe Trivulce, nommé gouverneur du duché, irrita les Italiens, et ceux-ci rappelèrent Ludovic. Cependant l'usurpateur du trône ducal ne fut point heureux pour longtemps. Trahi par les Suisses à Novare (1500), et livré aux Français, après avoir été conduit de prison en prison, il fut définitivement enfermé dans la tour de Loches, où il mourut en 1510.

Maitre de Milan et de Gênes, Louis XII tourna ses regards vers Naples. Mais, redoutant la jalousie de Ferdinand le Catholique, il aima mieux s'entendre avec lui pour faire la conquête et le partage de ce royaume. Donc, aux termes du traité de Grenade signé entre les deux princes (1500), Louis XII devait avoir la ville de Naples, la terre de Labour, et Ferdinand le Catholique, la Pouille et la Calabre. Ferdinand et Gonzalve de Cordoue s'emparèrent des places du royaume de Naples par les actes de la plus odieuse perfidie. Mais lorsque les deux rois signataires du traité de Grenade en vinrent au partage définitif du royaume des Deux-Siciles, ils se brouillèrent au sujet de la possession des Abruzzes. De part et d'autre on recourut aux armes pour trancher le différend. Le grand capitaine Gonzalve de Cordoue, qui disait que « la toile d'honneur devait être d'un tissu lâche, » l'emporta dans la lutte, grâce encore à la fourberie. Ce ne fut, en effet, qu'après avoir trompé Louis XII et le duc de Nemours, vice-roi de Naples, qu'il battit Stuart d'Aubigny à Seminara (1502), et Nemours lui-même à Cérignoles (1503). Une autre armée venue de France n'eut pas plus de succès. Elle fut vaincue aux bords du Garigliano, malgré l'héroïsme de Bayard, et obligée à capituler dans Gaëte. Enfin Louis d'Ars, qui tenait encore dans Venosa, sortit du royaume de Naples l'épée au poing et le laissa entièrement aux Espagnols. *(Défaites des Français à Seminara, 1502, et à Cérignoles, 1503.)*

Louis XII, malheureux sur le champ de bataille, fut maladroit dans les négociations : témoin les traités de Blois (1504-1505). Par le premier, il se liguait avec le pape Jules II et l'empereur Maximilien contre Venise, son ancienne alliée. Par le second, signé avec Maximilien et son fils, Philippe le Beau, il consentait au mariage de Claude de France avec Charles d'Autriche (Charles-Quint), et reconnaissait des clauses qui devaient nécessairement donner un jour à l'Autriche le Milanais et Naples. Enfin, par le troisième, il donnait encore en dot à sa fille Claude la Bourgogne, la Bretagne, Asti, etc. Mais les intrigues de Ferdinand le Catholique, qui obtint la main de Germaine de Foix, nièce de Louis XII, et des droits éventuels sur Naples, rompirent une des conditions du mariage de Claude avec Charles d'Autriche, et, en présence des réclamations des états de Tours, Louis XII rompit les autres et fiança sa fille Claude avec François d'Angoulême, son héritier présomptif. Cette conduite du roi de France, qui ne ressemblait que trop à celle de Ferdinand le Catholique, fut une des raisons qui déterminèrent le tiers état à lui donner le nom de *Père du peuple*. La mort de Philippe le Beau (1506) et la pauvreté de l'empereur Maximilien, surnommé *Pochi denari* (sans argent), empêchèrent la reprise des hostilités. *(Les traités de Blois, 1505.)*

Après avoir soumis la république de Gênes, qui s'était révoltée contre la France, Louis XII, conformément au *(Ligue de Cambrai contre Venise, 1508.)*

premier traité de Blois, s'apprêta à châtier Venise, à qui l'empereur, le pape, Louis XII lui-même, reprochaient des empiétements assez considérables. D'autres princes, comme le duc de Ferrare, le marquis de Mantoue, jaloux de la gloire de la république, adhérèrent à la coalition formée contre elle et connue sous le nom de *ligue de Cambrai* (1508). Venise accepta la guerre et confia une armée de 40,000 hommes à Pitigliano et à l'Alviane. Mais Louis XII, avec Bayard, la Trémoille, la Palice, mit cette armée en déroute à Agnadel (1509). Il se montra sur le champ de bataille vraiment digne de la couronne : « Que celui qui a peur, disait-il, se mette derrière moi. » Après cette victoire il reprit Crémone et fit tirer quelques coups de canon du côté de Venise. Jules II recouvra aussi les villes pontificales de la Romagne, puis, aussitôt après, il se déclara le protecteur de la république vaincue. Pourquoi donc ce changement soudain dans la conduite du pape ?

Jules II (1503-1513). — Le cardinal de la Rovère, en apprenant son élection au souverain pontificat, s'était écrié : « Seigneur, délivrez-nous des barbares ! » et, par barbares, il entendait désigner les détenteurs du patrimoine de saint Pierre et les étrangers qui envahissaient l'Italie. Bannir les uns et les autres, rendre à la Péninsule son indépendance et sa liberté, unir tous les peuples italiens dans une seule confédération, tel était donc le projet de Jules II. C'était là une idée grande, noble, vraiment patriotique et vraiment digne d'un pape ; c'était reprendre le rôle d'Alexandre III et d'Innocent IV. Déjà Jules II avait accompli une partie de son œuvre; il avait repris la Romagne à César Borgia, Pérouse au tyran Baglioni ; il avait enlevé à Venise les places qu'elle détenait ; il devait donc, après cela, faire la paix avec la république. Bien plus, comme Italien et comme pape, il devait empêcher la ruine de cet Etat, qui servait de boulevard à la chrétienté contre les Turcs. Donc, pour expulser les Français, dont la puissance menaçait l'indépendance des cités italiques, Jules II sépara Ferdinand le Catholique de la ligue, et, par l'entremise de Matthieu Schinner, cardinal de Sion, enrôla les Suisses sous l'étendard de l'Eglise. Lui-même n'hésita pas à prendre les armes ; bravant la neige et la mitraille, il assiégea la Mirandole et entra dans cette place l'épée au poing. Mais sous la cuirasse du soldat battait toujours un cœur de père : Jules II pardonna généreusement à la ville rebelle (1511).

Jules II à la Mirandole, 1511.

Louis XII, après s'être fait autoriser par le concile national de Tours à faire la guerre au pape, soutint la lutte avec énergie ; Bayard battit même le saint-père à la Bastide, se mit à sa poursuite, et il s'en fallut seulement « de la durée d'un *Pater* » qu'il ne le fît prisonnier. Bologne se déclara pour les Français et renversa la statue de Jules II. Néanmoins Louis XII, irrité de trouver tant de résistance dans le parti pontifical, transporta la lutte sur un autre terrain ; il attaqua le pape dans son autorité spirituelle. En effet, égaré par quelques cardinaux, il réunit à Pise un conciliabule destiné à réformer l'Eglise et son chef

Victoire de la Bastide.

Alors Jules II, de son côté, convoqua un concile à Latran, jeta l'interdit sur Pise, excommunia les cardinaux rebelles, et forma, avec l'Espagne, Venise, les Suisses, l'Angleterre, la *sainte ligue*. Le concile de Pise tomba bientôt dans le plus complet discrédit ; les Pères furent mis en chanson et chassés de la ville.

La sainte ligue, 1511.

Mais un jeune homme de vingt-trois ans, Gaston de Foix, duc de Nemours, sait tenir tête à toutes les armées de la sainte ligue. Il défend Milan contre les Suisses, vole au secours de Bologne et force Raymond de Cardonne et ses Espagnols à lever le siège de cette ville ; ensuite il remonte vers le nord, reprend Brescia aux Vénitiens et tombe mortellement atteint en remportant la victoire de Ravenne (1512). Il avait été justement surnommé le *foudre de l'Italie*.

Gaston de Foix.

Victoire de Ravenne, 1512.

La Palice, son successeur dans le commandement de l'armée, perdit le fruit de ces victoires ; Maximilien Sforza put même rentrer dans Milan. Heureusement pour Louis XII, Jules II mourut (1513). Le roi de France alors détacha Venise de la sainte ligue et reprit Milan, Alexandrie, etc.

Léon X (1513-1521). — Mais Léon X, fils de Laurent de Médicis, élevé sur le trône pontifical, suivit la même politique que Jules II. Il conclut aussitôt avec Henri VIII, Maximilien et Ferdinand le Catholique, la ligue de Malines (1513). Pendant qu'il négociait avec ces princes, Matthieu Schinner parcourait les cantons alpestres de la Suisse et lui recrutait une armée. Les pâtres suisses, affrontant la mitraille, mirent en pièces, près de Novare, l'armée de Trivulce et de la Trémoille. Alors l'Italie fut perdue encore une fois ; bien plus, la France fut envahie par l'étranger à l'est et au nord ; 20,000 Suisses ne furent éloignés de Dijon qu'à prix d'or. Louis XII voulut repousser par les armes Henri VIII et Maximilien ; il fut vaincu à la bataille de Guinegatte ou *des Eperons* (1513), il lui fallut donc traiter avec les ennemis. Il désavoua le conciliabule de Pise, laissa le Milanais à Maximilien Sforza, la Navarre à l'Espagne, qui s'en était emparée au préjudice de Jeanne d'Albret (trève d'Orléans), et, par le traité de Londres, promit trois millions d'écus à Henri VIII, dont il épousait la sœur (1514).

Louis XII mourut peu après ces troisièmes noces, regretté de tous ses sujets (1515). Comme Charles VIII, il ne laissait pas d'enfants.

Jules II et Léon X, bien différents par la physionomie, l'humeur et les qualités, se ressemblèrent par la pureté de leurs mœurs, par leur zèle pour les intérêts de l'Eglise, leur goût pour les lettres et les arts, et leur générosité envers les savants et les artistes. Le nom de Jules II est inséparable de celui de Michel-Ange, et le nom de Léon X, devenu le nom même du siècle de la Renaissance, ne se sépare point de celui de Raphaël.

XIIᵉ LEÇON

RIVALITÉ DE LA FRANCE ET DE LA MAISON D'AUTRICHE.
— FRANÇOIS Iᵉʳ ET CHARLES-QUINT ; HENRI VIII ;
SOLIMAN ; HENRI II. — ACQUISITION DES TROIS-
ÉVÊCHÉS. — PAIX DE CATEAU-CAMBRÉSIS.

Rivalité de François Iᵉʳ et de Charles-Quint (1520-1529). — François Iᵉʳ (1515-1547), appelé à succéder à Louis XII, fut vraiment, par ses qualité brillantes, le *roi des nobles*. Impatient de montrer ses talents militaires, il reprit la guerre contre la sainte ligue à l'expiration de la trêve d'Orléans. Avec l'aide de Pedro Navarro, ingénieur espagnol demeuré au service de la France depuis la bataille de Ravenne, il s'ouvrit un chemin par le col de l'Argentière, rencontra les Suisses à Marignan, les attaqua, et, après deux jours de lutte, sortit complètement vainqueur de « ce combat de géants » (1515). Convaincu qu'il avait bien gagné ses éperons dans cette journée, il se fit armer chevalier sur le champ de bataille par Bayard, le *chevalier sans peur et sans reproche*. Le Milanais fut le prix de sa victoire. C'est alors que François Iᵉʳ signa le *concordat* avec Léon X et la *paix perpétuelle* avec les Suisses.

La victoire de Marignan avait donné du renom à François Iᵉʳ. Aussi, à la mort de Maximilien (1519), se mit-il sur les rangs pour obtenir la couronne impériale. Charles d'Autriche, naguère son ami, lui fit concurrence, et ce puissant monarque, d'après les avis du modeste Frédéric le Sage, fut choisi par la diète pour gouverner l'Empire.

François Iᵉʳ, profondément humilié, résolut de se venger et d'attaquer l'Allemagne. Il était d'ailleurs de l'intérêt de la France, de l'Europe même, d'affaiblir cette puissante maison d'Autriche, qui tenait sous son sceptre les Pays-Bas, Naples, l'Autriche, l'Espagne et le nouveau monde.

II.

7

Alors commença, au nom de l'équilibre européen, cette célèbre rivalité de la France et de l'Autriche, qui ne se terminera qu'au traité de Westphalie (1520-1648).

En 1520, de part et d'autre les forces étaient à peu près égales : car si François Ier n'avait pas d'Etats aussi vastes que son rival, il avait des sujets mieux unis et plus dévoués ; malheureusement, Charles-Quint avait sur lui la supériorité que donne le génie politique. L'empereur révéla dès le début son adresse en gagnant Henri VIII, que François n'avait fait que froisser, dans la célèbre entrevue du *camp du drap d'or,* entre Guines et Ardres (1520.)

Le roi de France, profitant d'un léger prétexte, attaqua son ennemi sur plusieurs points à la fois. *Au midi,* Lesparre tenta vainement de seconder la révolte des *communeros* de Castille ; il fut battu à Esquiroz. *Au nord,* pendant que la Trémouille contenait les Anglais, Bayard, qui répétait que « le meilleur rempart d'une ville, c'est le cœur des braves, » obligeait les impériaux à lever le siège de Mézières. « Pour le coup, écrivit-il à sa mère après ce beau fait d'armes, Dieu a montré qu'il est bon Français. » *En Italie,* Lautrec perdit Parme et Plaisance, que les généraux Pescaire et Colonna remirent à Léon X, puis, manquant de ressources et obligé de céder aux instances des Suisses, qui demandaient *argent, congé* ou *bataille,* il se fit battre à la Bicoque (1522). Alors Maximilien Sforza rentra dans Milan. A ces revers vint s'ajouter la trahison du connétable de Bourbon.

La mère de François Ier, qui avait soustrait l'argent destiné à Lautrec, et qui, avec la connivence du chancelier Duprat, envoya Samblançay, surintendant des finances, au gibet de Montfaucon, avait encore arraché au connétable l'héritage de sa femme Suzanne. Irrité de cette injustice, Bourbon alla mettre son épée au service de Charles-Quint. Il fut témoin non sans un secret bonheur, de la défaite qu'éprouvèrent les Français à Biagrasso (1524), où périt Bayard, l'honneur de la chevalerie française. « Il n'y a point de pitié à avoir de moi, répondit le *bon chevalier* au traître Bourbon, qui, le voyant couché au pied d'un arbre, s'apitoyait sur son sort, car je meurs en homme de bien ; mais j'ai pitié de vous, qui servez contre votre prince, votre pa-

trie et votre serment. » Après sa victoire, Bourbon condui- *Invasion de la Provence.*
sit lui-même l'ennemi en Provence. Mais l'héroïque résis-
tance de Marseille, où les femmes élevèrent le *rempart des
Dames,* arrêta l'invasion, et l'armée de François Ier obligea
l'ennemi à repasser les monts. Ce petit succès rendit le
roi de France présomptueux ; aussi, à la journée de Pavie *Défaite de Pavie, 1525.*
(1525), perdit-il tout, « fors l'honneur. » Il fut obligé de
rendre son épée à Launoy, vice-roi de Naples ; Montmorency et Fleuranges furent faits prisonniers ; la Trémouille
et Louis d'Ars restèrent « couchés au lit d'honneur. » François I^r fut emmené à Madrid. Il résolut d'abord de mourir
plutôt que de consentir au démembrement de la France,
mais il se lassa bientôt de sa captivité et signa la paix. *Traité de Madrid, 1526.*
François abandonnait à Charles Milan, Naples, l'Artois, la
Bourgogne, et promettait de rendre à Bourbon ses biens
et ses dignités, de donner à Henri VIII 500,000 écus que
lui devait l'empereur.

Mais à peine le chevaleresque François fut-il redevenu
roi de France, qu'il désavoua ses promesses et fit déclarer, *Assemblée de Cognac.*
par l'assemblée de Cognac, qu'il n'avait pas le droit d'alié-
ner la Bourgogne. Agir ainsi, c'était déclarer la guerre.
La France était prête à la soutenir, grâce à l'appui de *Deuxième guerre, 1527-1529.*
Clément VII, héritier des projets de Jules II, de Henri VIII,
de Sforza et de Venise, que Louise de Savoie avait su
liguer contre l'ambitieux Charles-Quint. Mais, au lieu de
combattre, François Ier se livra aux plaisirs et laissa ses *Indolence de François Ier.*
alliés d'Italie supporter seuls le poids de la guerre. Bour-
bon obligea Sforza à capituler dans Milan, et, après avoir
renforcé son armée des lansquenets de Frondsberg, mar- *Bourbon et les luthériens à Rome.*
cha sur Rome. Il périt à l'attaque de cette ville, qui fut
néanmoins prise et livrée à la fureur des fanatiques luthériens (1527). Charles-Quint était responsable du sac de
Rome, car d'un mot il aurait pu écarter les hérétiques ;
mais il sut cacher sa conduite à la catholique Espagne en
faisant faire des prières publiques à Madrid pour la
délivrance du saint-père.

A la fin, François Ier se décida à envoyer Lautrec dans
la Péninsule. Ce général chassa les luthériens de Rome
et les poursuivit jusque sous les murs de Naples. Il allait
même s'emparer de cette ville avec le concours du Génois

André Doria, lorsque cet illustre amiral, mécontenté par François Ier, passa au service de Charles-Quint. Cette défection amena un désastre ; la peste se mit dans le camp de Lautrec, emporta le général et son armée. Après avoir subi un nouveau revers à Landriano, François Ier consentit au traité de Cambrai, que signèrent Louise de Savoie et Marguerite d'Autriche (1529). Il gardait la Bourgogne, mais devait remplir les autres conditions du traité de Madrid. Charles-Quint restait donc maître de l'Italie.

Henri VIII. — Le roi d'Angleterre, au milieu de cette rivalité, jouait un assez triste rôle. Sa puissance, qu'exprimait sa fière devise « Qui je défends est maître, » avait mis à ses genoux les deux rivaux dès l'ouverture des hostilités. François Ier, à Ardres (1520), avait promis une pension à Henri et avait obtenu son alliance ; mais Charles-Quint, à Gravelines, avait promis la tiare au cardinal Wolsey, ministre du roi, et l'avait emporté sur son compétiteur. Après la bataille de Pavie, l'alliance avec Charles-Quint fut rompue ; Henri VIII parut craindre alors que le puissant empereur n'aspirât à la monarchie universelle ; par intérêt donc et non point par sympathie, il se rapprocha du vaincu ; il vendit son alliance à Louise de Savoie, et, une fois assuré d'une pension de 100,000 couronnes, il ne fit rien pour la gloire de l'Angleterre, rien pour l'indépendance de l'Italie, rien pour la paix de l'Europe. Outre sa passion de l'argent, son divorce déjà résolu avec Catherine d'Aragon, et l'espoir de gagner à sa cause, dans cette affaire, l'université de Paris, durent aussi contribuer à le faire se rapprocher de la France. François Ier trouva un allié plus actif dans Soliman.

Soliman le Magnifique (1520-1566). — Continuant la politique de son père Sélim, Soliman s'était emparé de Belgrade (1521), de Rhodes (1522), au détriment des chevaliers de Saint-Jean de Jérusalem, qui se réfugièrent alors, avec leur grand maître Villiers de l'Isle-Adam, dans l'île de Malte, de Péterwardein, avait défait les Hongrois à la journée de Mohacz (1526), et, à la place de Louis II, tombé dans le combat, leur avait imposé pour roi Jean Zapoly, au préjudice de Ferdinand, frère de Charles-Quint ; pourtant, il avait échoué devant Vienne, que défendait le vaillant comte de Salm (1529). En quittant ce champ de bataille jonché des cadavres des Turcs, il avait juré de retourner en Autriche, et il y retourna. Mais Charles-Quint, débarrassé de François Ier par le traité de Cambrai, en paix avec les luthériens, l'attendait avec une armée de cent cinquante mille hommes. Soliman n'osa pas alors se mesurer avec son rival et porta ses armes d'un autre côté.

Pendant qu'il faisait la conquête de Bagdad, de Tauris, etc., son amiral, le terrible Chéreddin-Barberousse, s'emparait de Tunis et exerçait la plus odieuse piraterie sur les bords de la Méditerranée, pillant les vaisseaux et réduisant les chrétiens en esclavage. Bientôt cependant Charles-Quint, sensible aux plaintes des peuples, prépara, avec André Doria, une expédition contre Barberousse, le chassa de Tunis et délivra les captifs chrétiens. Mais il essaya vainement de prendre Alger ; la tempête ruina sa flotte. Or, ce Soliman, qui venait de planter son drapeau victorieux sur Belgrade, Bagdad, Rhodes et Alger, ce Turc barbare, que combattait Charles-Quint et que maudissaient les chrétiens, fut l'auxiliaire que choisit François Ier pour soutenir la lutte contre l'empereur. Cette alliance du fils aîné de l'Eglise avec le successeur de Mahomet ne pouvait que scandaliser les peuples et les éloigner du roi de France. D'abord François Ier ne fit avec Soliman qu'un traité de commerce, en y ajoutant toutefois des clauses qui garantissaient la liberté des chrétiens et des Eglises d'Orient, mais bientôt il l'arma contre l'Europe chrétienne.

Rivalité de François Ier et de Charles-Quint (1536-1544). — La mort de Sforza, l'assassin de notre ambassadeur Merveille, remit les armes aux mains de François et de Charles-Quint, qui tous deux réclamaient le Milanais. Le roi de France, déjà maître du Piémont, allait encore faire la conquête du duché de Milan, lorsque l'empereur l'arrêta en ouvrant des négociations. Par ce procédé, l'astucieux monarque ne voulait que gagner du temps. En effet, dès qu'il fut prêt, il se jeta sur le Piémont, le reprit aux Français, écrivit à Paul Jove : « Préparez plumes et encre, je vais vous tailler de la besogne, » franchit le Var et envahit la Provence. Mais Montmorency ruina ce pays, et Charles, voyant la maladie ravager son armée, repassa les monts ; il s'embarqua à Gênes, pour aller « enterrer en Espagne son honneur mort en Provence » (1536).

Alors Soliman, que François Ier s'était enfin décidé à introduire dans la politique européenne, envoya deux armées vers l'Occident, pour opérer une diversion en faveur de son allié. L'une battit Ferdinand sur les bords de la Drave ; l'autre, sous les ordres de Barberousse, vint ravager la côte d'Otrante. Le pape Pie III intervint et décida les belligérants à signer la trêve de Nice (1538). François Ier abandonnait les Turcs et obtenait le Piémont ; Charles devait se contenter de Nice.

Cette trêve dura peu, malgré les démonstrations amicales que se firent les deux souverains à Aigues-Mortes et pendant le voyage de Charles-Quint à travers la France, pour aller de Madrid à Gand. L'assassinat par Duguast, gouverneur de Milan, de deux agents français qui se rendaient auprès de Soliman, et le refus de Charles-Quint de donner, conformément à sa promesse, le Milanais à l'un des fils du roi de France, furent la cause de la guerre. François Ier, qui s'était déclaré le protecteur de Marie de Lorraine et de sa fille, Marie Stuart, perdit l'alliance de Henri VIII, mais obtint encore celle de Soliman. La flotte turque apparut donc de nouveau dans la Méditerranée, bombarda Nice et passa l'hiver dans Toulon. Les autres événements de cette guerre furent l'échec de Charles-Quint devant Landrecies, la glorieuse mais stérile victoire du duc d'Enghien à Cérisoles (1544) et l'invasion de la France. Charles-Quint s'avança même jusqu'à Château-Thierry, mais, inquiété par la révolte des protestants, il s'arrêta et signa le traité de Crespy (1544). Il renonçait à la Bourgogne ; François Ier, à Milan et à Naples, et tous deux se restituaient les conquêtes faites depuis la trêve de Nice (1544). Henri VIII, qui avait aussi envahi la France et pris Boulogne et Montreuil, signa, deux ans plus tard, la paix d'Ardres (1546) : il rendait ces deux villes au prix de 800,000 écus.

François Ier mourut à Rambouillet peu de temps après avoir signé ce dernier traité (31 mars 1547). « On a cherché, dit Gabourg, à entourer sa mémoire d'une auréole de gloire, à la doter de l'illustration littéraire de Périclès et du courage impétueux de Richard Cœur de Lion ; mais ces illusions, propagées par les lettres et les arts reconnaissants, disparaissent bientôt devant la froide réalité. François Ier ne fut dépourvu ni de loyauté, ni de courage, ni de qualités brillantes ; mais il faut que sa renommée s'efface devant celle de son rival Charles-Quint, et, à tout prendre, on est forcé de convenir qu'il fut un téméraire capitaine, un politique médiocre et un prince de mauvaises mœurs. Ce ne sont pas là les éléments dont se compose la renommée d'un grand roi.

Henri II (1547-1559). Acquisition des Trois-Evêchés.

— Henri II, après avoir soumis, avec l'aide de Montmorency, la Guyenne, le Poitou et l'Aunis, que l'augmentation de l'impôt sur le sel avait poussés à la révolte, et après avoir obtenu pour son fils François II, malgré l'opposition de l'Angleterre, la main de Marie Stuart, recommença la guerre contre Charles-Quint. Comme son père, il fut soutenu dans la lutte par Soliman et par les princes protestants d'Allemagne. Maurice de Saxe, négociant au nom de ces derniers, lui céda même Metz, Toul et Verdun, et le reconnut protecteur des libertés germaniques, à la condition qu'il leur fournît 60,000 écus par mois et 240,000 livres pour l'ouverture des hostilités. Conformément à ce traité, Henri II alla occuper les Trois-Evêchés, et, dans la même expédition, s'empara de Bouillon, Montmédy, etc. ; mais il ne put prendre possession de Strasbourg (1552).

Charles-Quint, que la trahison soudaine de Maurice de Saxe avait retenu en Allemagne, n'avait pu rien faire pour protéger ces places ; mais, après avoir signé avec les protestants la convention de Passau, il vint assiéger Metz, que défendait le duc de Guise. Tous ses efforts pour reprendre cette ville furent vains ; il fut obligé de l'abandonner. « Je vois bien que la fortune est femme, disait-il en quittant Metz, mieux aime-t-elle un jeune roi qu'un vieil empereur. » Il se vengea de cet échec en ruinant Thérouanne et Hesdin. Henri II lui répondit en ravageant l'Artois. Défait à Renty et découragé, Charles-Quint céda l'empire à son frère Ferdinand, et l'Espagne, l'Italie, le nouveau monde, à son fils Philippe, signa la trêve de Vaucelles avec Henri II (1556), et alla s'enfermer au monastère de Saint-Just, dans l'Estramadure, où il mourut en 1558.

Rupture de la paix de Vaucelles. Henri II, accédant aux désirs du pape et du duc de Guise, rompit bientôt la trêve de Vaucelles, et, sur la demande de Paul IV, qui voulait chasser les Médicis de Florence et les Espagnols de Naples, envoya Guise en Italie. Mais le duc d'Albe rendit cette expédition inutile. D'ailleurs, Guise fut bientôt rappelé pour défendre la France envahie du côté du nord. Philippe II, en effet, à la tête de 50,000 Espagnols et de 10,000 Anglais que lui avait fournis son épouse, Marie Tudor, avait remporté sur les *Victoire de Philippe II à Saint-Quentin, 1557.* Français une grande victoire à Saint-Quentin (1557). A la nouvelle de la défaite des Français, Charles Quint, qui, au fond de sa cellule, pensait encore un peu aux choses de ce monde, s'écria : « Mon fils est-il à Paris ? » Il songeait même à sortir du monastère et à reprendre la couronne. Montmorency avait été fait prisonnier, et la fleur de la noblesse était restée sur le champ de bataille. *Prise de Calais. 1558.* Guise prit Calais, au grand étonnement de l'Europe et de Marie Tudor, reine d'Angleterre, qui en mourut de chagrin. « Ouvrez mon cœur, disait-elle pendant sa maladie, et vous y trouverez écrit le nom de Calais » (1558). Ce beau fait d'armes détermina l'ennemi à signer la paix.

Paix de Cateau-Cambrésis (1559). — Aux termes de ce traité, la France gardait les Trois-Evêchés, Pignerol, Turin, Asti, et, moyennant 800,000 écus d'or, Calais et Guines. Elle rendait à Philippe II Thionville, Montmédy, etc.; au duc de Mantoue, le Montferrat; aux Génois, la Corse, etc. En outre, Philippe II obtenait la main d'Elisabeth de France, et le duc de Savoie, Philibert-Emmanuel, celle de Marguerite, fille de François Ier.

Henri II périt en joutant contre Montgommery dans un

tournoi donné à l'occasion de ces mariages. Ce roi avait Mort de Henri II, 1559.
eu les vices de son père, mais n'avait point montré ses
brillantes qualités. Trop souvent il laissa Diane de Poitiers
et les courtisans distribuer à leur gré les dignités et
même les revenus du royaume.

Les guerres d'Italie, terminées au profit de l'Espagne au
traité de Cateau-Cambrésis, eurent pour résultats d'établir
des relations plus nombreuses entre les Etats, de propager la renaissance des lettres et des arts, et de faire mieux
sentir l'importance du maintien de l'équilibre entre les
puissances de l'Europe.

XIIIe LEÇON

GOUVERNEMENT ET INSTITUTIONS DE LA FRANCE DE
CHARLES VIII A FRANÇOIS II : L'ADMINISTRATION,
L'ARMÉE, LA JUSTICE, LES FINANCES, LE CONCORDAT.

L'administration. — Pendant les guerres d'Italie,
l'œuvre de centralisation, à laquelle Louis XI avait tant
travaillé, se perfectionna : les possessions de la couronne
devinrent plus compactes et le pouvoir monarchique fit
de nouveaux progrès. En effet, si l'Artois, le Roussillon et Progrès de l'unité territoriale.
la Franche-Comté furent de nouveau séparés du domaine
royal, la Bretagne, l'Orléanais, l'Angoumois, le Bourbon-
nais, l'Auvergne et les Trois-Evêchés y furent réunis définitivement ; et malgré les privilèges que conservaient encore les provinces, malgré les droits presque régaliens
dont jouissaient quelques seigneurs, les agents du pouvoir
firent pénétrer partout l'autorité du souverain ; tous les
ordres de l'Etat se courbèrent devant le monarque.

La noblesse, ne rêvant plus que ces expéditions loin- Soumission de la noblesse, du clergé, de la bourgeoisie.
taines qui la décimaient, fut enchaînée aux pieds du roi :
Bourbon, injustement dépossédé, ne trouva même pas
assez de partisans pour défendre sa cause par les armes ;

il fut réduit à obéir ou à sortir de France. Le haut clergé, que la pragmatique de Bourges rendait indépendant du roi et du pape, fut contraint d'accepter le concordat, qui le soumettait aux deux puissances. La bourgeoisie, à laquelle semblaient réservés tous les offices de justice et de finances, pensa moins encore que la noblesse et le clergé à résister au pouvoir.

D'ailleurs, les rois de cette époque, servis par des ministres dévoués, comme le cardinal d'Amboise, les chanceliers Duprat et Poyet, imitèrent la prudente conduite de Louis XI : ils se gardèrent bien de convoquer trop souvent les états généraux : ils trouvaient plus facile de résoudre les questions embarrassantes et de sortir d'un mauvais pas avec les notables. Le parlement, déjà désireux de jouer un rôle politique, tenta vainement de dresser des obstacles avec son *droit de remontrances* au pouvoir toujours croissant du roi ; il fut obligé, par des *lettres de jussion*, d'enregistrer docilement les édits royaux, qui trop souvent n'avaient d'autres motifs que « le bon plaisir » du maitre.

Cependant l'agrandissement du domaine et les expéditions d'Italie obligèrent les rois à s'adjoindre des auxiliaires pour l'administration de l'Etat. Ils eurent donc un premier ministre sans attributions spéciales, qui signait même les ordonnances royales, et quatre secrétaires d'Etat. Ceux-ci étaient chargés de l'expédition de toutes les affaires, intérieures ou étrangères, dans leur quartier respectif ; ainsi, l'un correspondait avec le Languedoc. la Guyenne, etc., à l'intérieur, et avec l'Espagne, le Portugal, au dehors ; l'autre, avec la Provence, le Dauphiné, etc., et les pays étrangers qui s'étendaient au delà, comme l'Italie, l'Orient, etc.

François Ier, pour faciliter l'administration du royaume, le divisa en douze provinces, qu'il plaça sous l'autorité d'un gouverneur révocable à son gré. Ces douze provinces étaient : l'Ile-de-France, la Normandie, la Picardie, la Champagne, la Bretagne, la Bourgogne, le Lyonnais, le Dauphiné, la Provence, l'Auvergne, le Languedoc et la Guyenne.

François Ier établit encore dans quelques villes un lieutenant du roi, et défendit à tout autre qu'aux gouverneurs et lieutenants reconnus par lui de prendre ce titre. Le sentiment de son autorité l'entraîna jusqu'aux derniers excès. Il s'attribua la puissance publique comme une propriété sur laquelle il avait les droits les plus absolus, et en fit le plus honteux trafic ; les offices furent mis à l'encan, et leurs titulaires purent aussi en disposer à peu près à leur volonté. Le bureau des *parties casuelles*, créé en 1522, était chargé de régulariser ces ventes. Ce système, que pratiquèrent également les prédécesseurs et les successeurs de François Ier, engendra les plus graves abus.

L'armée. — Charles VIII introduisit dans l'armée de nouveaux corps étrangers, tels que les Albanais ou stratiotes, les reitres, etc. Louis XII, sans négliger l'artillerie, augmenta surtout l'importance de l'infanterie. François Ier, pour avoir toujours des troupes à sa disposition, signa avec les Suisses, à Fribourg, la *paix perpétuelle* (1515), qui donnait droit au roi de France, pour 100,000 écus par an, de lever dans leurs cantons autant de soldats qu'il en aurait besoin. Cependant, comme François Ier ne pouvait pas toujours compter sûrement sur les étrangers, il chercha à créer des milices nationales. Il partagea donc le territoire en sept provinces ou sept divisions militaires, y leva sept légions de six mille hommes chacune (francs-taupins), divisa la légion en six compagnies (1,000 hommes), la compagnie en deux cohortes et la cohorte en centuries. Un capitaine était à la tête de chaque compagnie, et le colonel général de l'infanterie avait sous sa direction cette armée de quarante-deux mille hommes. Mais ces légions indisciplinées regimbèrent bientôt ; il fallut les congédier et demander des étrangers. Cependant Henri II les reconstitua sous le nom de régiments : régiment de Champagne, de Picardie, de Navarre, etc. Les autres corps étaient les chevau-légers, les dragons, organisés par Cossé-Brissac en 1558, et les carabins. François Ier créa aussi une flotte, qu'il confia au baron de la Garde, et fit creuser le port du Havre.

La justice. — Les rois de cette époque firent quelques efforts pour améliorer l'organisation judiciaire et la législation. Charles VIII décréta (1497) que le *grand conseil* jugerait les procès des grands et des officiers de sa maison, soutiendrait et défendrait les droits, autorité, prérogatives et prééminences du roi. Louis XII, par l'*ordonnance de Blois* (1499), établit les *mercuriales*, séances mensuelles d'abord, puis annuelles, tenues le mercredi au parlement, pour censurer la conduite des juges oublieux de leurs devoirs. De nouveaux parlements furent institués à Dijon (1476), à Aix (1501) et à Rennes (1552). Afin que les procès fussent moins coûteux et ne traînassent plus en longueur, Henri II établit (1552) les *présidiaux*. Ces tribunaux, composés de neuf magistrats, et correspondant à nos tribunaux de première instance, jugeaient sans appel quand l'affaire en litige ne dépassait pas un capital de 250 francs, et dans les matières criminelles, comme vols, actes de brigandage, etc. Le présidial le plus connu est celui du Châtelet, établi à Paris.

Alors furent instituées les *prévôtés militaires* ou *prévôtés des maréchaux*. Ces tribunaux, ayant à leurs ordres la gendarmerie ou *maréchaussée*, jugeaient, avec les gens de guerre, les vagabonds, les voleurs de grands chemins, etc. Quand les prévôts jugeaient en dernier ressort, ils devaient être assistés de sept juges du présidial voisin.

Dans quelques grandes villes du ressort si étendu du parlement de Paris, on tint aussi, à cette époque, les *grands jours*, assises solennelles dans lesquelles on châtiait les grands criminels que les juges ordinaires ne pouvaient pas punir ; des supplices effroyables, comme la roue, la hart, les verges, étaient partout étalés pour effrayer les coupables.

Plusieurs abus furent réformés par les *grandes ordonnances*. Ainsi, l'*ordonnance de Villers-Cotterets* (1539) proscrivit des tribunaux l'usage du latin et ordonna l'emploi de l'idiome national dans tous les actes publics. L'*édit de Crémieux* prescrivit aux curés de tenir exactement les registres des naissances et des décès, et comme ces actes faisaient foi en justice, on prévint ainsi un grand nombre de procès.

Enfin, la rédaction des coutumes, accomplie en partie sous Louis XII par des commissions particulières établies dans les provinces, et par une commission centrale que dirigea le premier président du parlement de Paris, apporta une amélioration réelle dans la législation ; car les légistes chargés de ce travail restreignirent les droits féodaux au profit des roturiers. La coutume d'Orléans fut publiée en 1501, celle de Paris en 1510, celle de Bretagne en 1539. *(Rédaction des coutumes.)*

Les finances. — Louis XI et Charles VIII avaient plus que doublé le chiffre de la taille, rendue permanente par Charles VII; mais Louis XII, qui disait : « J'aime mieux voir les courtisans rire de mon avarice que de voir le peuple pleurer de mes dépenses, » la réduisit au chiffre de 2,600,000 livres. Pourtant Louis XII ne remédiait à un mal que par un autre : pour avoir de l'argent il était obligé de vendre les offices. Son économie ainsi entendue lui mérita d'être représenté au théâtre sous les traits d'un avare. *(Économie de Louis XII.)* Mais, avec François Ier, ni la vente des charges, ni les consfiscations, ni les droits d'enregistrement créés en 1537, ni même l'augmentation de la taille, portée jusqu'à seize millions, ne furent capables de faire face aux dépenses qu'exigeaient les guerres, les constructions de bâtiments, les fêtes et les favorites. *(Prodigalité de François Ier.)* Pour se procurer de l'argent, ce roi établit donc la loterie royale et fit, au nom de l'Etat, un emprunt de 200,000 livres à 8 pour cent d'intérêt, que l'on appela les *rentes sur l'hôtel de ville;* ce fut là l'origine de notre dette publique. On doit encore à ce roi la création de l'*Epargne*, caisse générale dans laquelle se centralisaient les revenus du domaine et le produit des impôts. — L'Epargne était administrée par le trésorier de France et par deux contrôleurs généraux. *(Création des rentes sur l'hôtel de ville et de l'Epargne.)*

Henri II suivit le même système financier que son père : comme lui, il augmenta la taille, établit le *taillon*, destiné à la solde des troupes, fit de nouveaux emprunts, créa de nouvelles généralités, et vendit bien cher la fonction de receveur général, qu'il partagea même, pour avoir double ou triple profit, entre deux ou trois receveurs. Ceux-ci, pour n'exercer leur fonction que six ou quatre *(Expédients financiers de Henri II.)*

mois par an, n'en furent pas moins riches. Cette multiplication des charges rendit la perception très onéreuse ; une partie du revenu restait entre les mains des gens de finances.

Le Concordat (1516). — Dans l'entrevue de Bologne (1516), le pape Léon X et François Ier signèrent un concordat rédigé par deux cardinaux romains et par le chancelier Duprat. Aux termes de cet acte, qui a réglé les rapports du saint-siège et de la France jusqu'en 1801, la pragmatique de Bourges, avec les élections, les réserves, les expectatives, était abolie ; le roi nommait les bénéficiers ecclésiastiques, et le pape leur donnait l'investiture canonique ; les annates étaient conservées, et la plupart des cas d'appel en cour de Rome étaient supprimés. Le parti gallican, formé des membres importants du clergé, de l'université et du parlement, fit la plus vive opposition à l'acceptation de cet acte : le parlement de Paris ne consentit même à l'enregistrer que sur l'ordre exprès du roi.

Abolition de la pragmatique de Bourges.

Opposition du parti gallican au concordat.

XIVe LEÇON

LA RENAISSANCE EN ITALIE. — INVENTION DE L'IMPRIMERIE. — LES ARTS ET LES LETTRES EN ITALIE : BRUNELLESCHI, MACHIAVEL, L'ARIOSTE, LE TASSE ; LES ÉCOLES ITALIENNES : LÉONARD DE VINCI, RAPHAEL, MICHEL-ANGE.

La Renaissance. — On appelle *Renaissance* le réveil des lettres et des arts de l'antiquité qui se produisit, vers la fin du XVe siècle, d'abord en Italie, ensuite dans les autres Etats de l'Europe. En reparaissant, les chefs-d'œuvre antiques séduisirent les esprits ; partout alors, dans la littérature, on abandonna les œuvres des

Son caractère.

Pères de l'Eglise pour celles de Virgile et de Démosthène ; dans la philosophie, les écrits de saint Anselme et de saint Thomas pour ceux du *divin* Platon, fêté dans les jardins des Médicis comme autrefois à Athènes, et, dans les arts, on substitua à l'architecture gothique l'architecture si correcte, mais si froide, de la Grèce. Les œuvres produites sous l'influence de cet esprit nouveau, par des procédés plus perfectionnés que ceux des époques précédentes, l'emportèrent sur celles du moyen âge par la régularité, la grâce et la beauté plastique ; mais elles leur furent inférieures par la pensée, la poésie et la naïveté. Ce naturalisme païen, dans lequel se perdaient les intelligences, ne nous montre que trop l'état de corruption profonde où s'était abîmée la société du XVe siècle.

La Renaissance dut son origine et son développement : 1° aux exemples de Dante, de Pétrarque et de Giotto ; 2° aux Grecs Chrysoloras, Lascaris, Chalcondyle, Gémiste Pléthon, Bessarion, etc., qui, vers l'époque de la prise de Constantinople, apportèrent en Occident les trésors de la littérature ancienne ; 3° aux érudits J. de Ravenne, le Pogge, Bruno d'Arezzo, François Philadelphe, J. Aurispa, Valla, Pontanus, qui découvrirent, dans les monastères, Quintilien, Silius Italicus, Columelle, Vitruve, les comédies de Plaute, ou traduisirent du grec en latin Pindare, Platon, etc. ; 4° aux encouragements que donnèrent aux lettrés et aux artistes les papes, et surtout Jules II et Léon X, les Médicis, les ducs de Ferrare et de Milan, les rois de Naples et la république de Venise ; 5° enfin, à la découverte de l'imprimerie.

Causes de son origine et de son développement.

Invention de l'imprimerie. — Avant le XVe siècle, on ne connaissait, en fait d'imprimerie, qu'une espèce de stéréotypie ; encore, en Occident, n'appliquait-on cet art, depuis longtemps en usage en Chine, qu'à la reproduction des images ; pourtant, vers 1400, Laurent Coster de Harlem avait fait paraître quelques ouvrages imprimés d'après les procédés chinois. La découverte de l'imprimerie proprement dite, le plus admirable des arts modernes, est donc due à Jean Gutenberg, né à Mayence vers 1400.

Laurent Coster.

Gutenberg, instruit « dans tous les arts patents et occultes, » employa pour la première fois les caractères mobiles, en métal, à Strasbourg, vers 1436. Mais, ruiné par les dépenses qu'exigèrent ses essais, il retourna à Mayence, et là, soutenu par le banquier Furst, il reprit ses travaux, qui ne lui procurèrent pas plus la fortune que la première fois. Furst, étant devenu possesseur de l'imprimerie de Gutenberg, s'associa Pierre Schæffer, habile copiste, formé à Paris, et lui donna même sa fille en mariage. Le gendre du riche banquier, doué d'un génie inventif, put faire des expériences pour perfectionner l'imprimerie. Les plus heureux succès couronnèrent ses tentatives ; il trouva l'encre onctueuse, remplaça les caractères en plomb par des caractères plus solides, inventa les poinçons et les matrices. La Bible latine trouvée dans la bibliothèque de Mazarin doit être un des premiers ouvrages sortis des ateliers de Mayence. La prise de cette ville obligea les ouvriers de Schæffer de se disperser, et alors ceux-ci portèrent leur secret dans toutes les parties de l'Europe. L'imprimerie fut introduite en 1467 à Cologne et à Rome ; en 1469, à Venise et à Paris ; en 1471, à Florence ; en 1473, à Lyon ; vers 1476, en Espagne et en Angleterre ; en 1479, à Toulouse, à Poitiers et à Caen ; en 1483, à Rouen ; en 1484, à Rennes ; en 1487, à Besançon.

Les Alde Manuce à Venise, les Froben à Bâle, les Estienne et les Badius à Paris, acquirent, par leur science et par la beauté des ouvrages qu'ils éditèrent, une réputation européenne.

Les lettres en Italie ; Machiavel. — Les premiers humanistes de la Péninsule, dans leur amour passionné pour les lettres anciennes, oublièrent, à l'école de Virgile et d'Homère, l'idiome national. Ficin, Politien, Pic de la Mirandole, Bembo, Sannazar, Sadolet, Vida, Bibbiena, composèrent tous quelque ouvrage, mais tous écrivirent en latin, moulant leurs vers sur ceux du Cygne de Mantoue, calquant leur prose sur les phrases des *Tusculanes*. Cet engouement n'eut pas de limites ; il mit sur les lèvres des cardinaux eux-mêmes le langage de la mythologie à la place de celui de l'Evangile : Bembo, Bessarion, ne parlèrent pas autrement que les prêtres de l'antique Samos. Aussi cette imitation servile des anciens n'engendra-t-elle que des œuvres sans originalité, sans pensée, sans couleur et sans vie ; toutes les forces de l'écrivain se dépensaient à la recherche des formes brillantes, des mots sonores et des périodes harmonieuses. Heureusement pour la gloire de la littérature italienne, Machiavel, l'Arioste et le Tasse, sans oublier les anciens, surent mieux apprécier la langue de Dante et de Pétrarque.

Machiavel (1469-1527) eut comme Florence, sa patrie, une existence agitée. Devenu secrétaire de la république florentine au moment de l'exil des Médicis (1499), il occupa ce poste important jusqu'à leur retour (1512) : alors il fut mis à la torture, jeté en prison, puis proscrit. Retiré à la campagne, réduit à un état voisin de la pauvreté, il regretta Florence et demanda aux Médicis sinon une place à leur table, au moins « une pierre de leur palais à rouler en leur honneur. » Comme ses sollicitations restèrent sans succès, il trouva des loisirs pour écrire. Ses idées étaient préparées depuis longtemps, car « Machiavel, dit Audin [1], au camp, en ambassade, dans ses voyages à Florence, partout où le sort l'avait conduit, s'appliquait à étudier les formes diverses des gouvernements, les mœurs des peuples, le génie des époques, comparant les institutions anciennes aux institutions modernes, cherchant les causes diverses de l'agrandissement et de la chute des vieilles et des nouvelles dynasties, et la raison apparente ou mystérieuse de la conduite de tout ce qui, sous le nom de pape, d'empereur, de roi, de duc, de capitaine, occupait la scène en Italie depuis l'expédition de Charles VIII ; » de plus, il avait été dans les rapports les plus intimes avec Savonarole, César Borgia et Jules II. Donc, dans sa solitude, après avoir passé ses matinées à tendre des gluaux aux grives, le reste du jour à « s'encanailler » à l'hôtellerie avec des meuniers et des charbonniers, il quittait, le soir venu, ses habits de

___
[1] *Histoire de Léon X.*

Comment Machiavel a composé le livre du Prince.

paysan pour prendre ses habits de cour, « et entrait dans l'antique sanctuaire des grands hommes des temps passés... Je m'entretiens avec eux, écrivait-il alors, je leur demande compte de leurs actions ; ils me répondent, et pendant quatre heures j'échappe ainsi à l'ennui, aux chagrins, à la pauvreté... J'ai noté tout ce qui, dans ces conversations, m'a paru de quelque importance, et j'en ai composé un opuscule *de Principatibus*, où je plonge autant que je puis dans les profondeurs de mon sujet, recherchant quelle est l'essence des pouvoirs, de combien de sortes il en existe, comment on les acquiert, comment on les maintient et comment on les perd. »

Le machiavélisme.

« Dans le livre du *Prince*, où la politique est érigée pour la première fois en véritable science, il ne faut pas chercher autre chose qu'une suite de formules à l'usage des gouvernements, auxquelles Machiavel a voulu donner une valeur dogmatique... Machiavel est l'homme de la force brutale, de la ruse, de la fraude, du mensonge, quand le pouvoir a besoin de mauvaises passions pour réussir ; de la clémence, de la générosité, de la liberté, de toutes les nobles inspirations, quand le pouvoir, pour vivre, a besoin de faire de la vertu : la nécessité, c'est son Dieu ; l'homme à la tête du gouvernement ne doit pas en avoir d'autre...

» Et qu'on ne nous dise donc pas que son catéchisme politique ne s'adresse qu'au monarque ; le peuple doit en observer les enseignements s'il veut se perpétuer au pouvoir ; car, comme dit l'écrivain, l'art de tromper n'est pas moins nécessaire au despote qu'au républicain [1]. »

Les Discours sur Tite-Live.

Un autre ouvrage de Machiavel, les *Discours sur Tite-Live*, renferme la même doctrine : la fourberie, le parjure, y sont donnés comme des préceptes en fait de gouvernement. Mais le livre dans lequel Machiavel a principalement

L'Histoire de Florence.

révélé son talent d'écrivain, c'est l'*Histoire de Florence* (1205-1524). Dans cet ouvrage, son style présente toutes les qualités de celui de Tacite. Dans la *Mandragore*, comé-

La Mandragore.

die fort licencieuse, Machiavel se montre l'émule d'Aristophane « Son style, dit encore Audin, sait prendre tous les tons : concis, serré, grave, dans les œuvres de politique ;

---

[1] AUDIN, *Histoire de Léon X.*

abondant, pittoresque, dans son histoire ; brillant, élégant, dans ses comédies ; facile, rempli de naturel, dans sa correspondance amicale avec Feltori. C'est l'homme le plus complet qu'ait possédé l'Italie. »

A la suite de Machiavel, citons encore Paul Jove et Guichardin ; l'un et l'autre ont écrit une *Histoire de l'Italie*.

L'Arioste. — L'Arioste (1474-1533), né à Reggio, passa une grande partie de sa vie à la cour de Ferrare. En 1515, il publia, comme contre-partie du *Roland amoureux* de Boiardo, le *Roland furieux*, ouvrage en quarante chants, remarquable par la clarté, l'élégance, la richesse du style, et par la variété des épisodes. Mais en bâtissant sa maison, fort modeste parce que le poète ne remuait pas aussi facilement les écus que les vers, en cultivant son petit jardin, l'Arioste ajouta six chants nouveaux à son poème. Trois faits le remplissent : la délivrance de Paris, où les Maures bloquaient Charlemagne, la folie de Roland, et le mariage de Bramante et de Roger, desquels descendait la maison d'Este, qui règne à Ferrare. Mais le *Roland furieux* n'a pas que des qualités ; il ne réalise point les conditions que demande l'épopée ; dans ce poème, les faits sont foncièrement faux, les personnages historiques sont défigurés, et trop souvent le lecteur rencontre des idées dévergondées et des images licencieuses.

Le Roland furieux.

Sujet du poème.

Défauts du poème.

Le Tasse. — Torquato Tasso (1544-1595), né à Sorrente, sur la baie de Naples, se livra de bonne heure à la poésie, bien que son père, qui avait éprouvé les amertumes de cette carrière, employât tous ses efforts pour l'en détourner : à dix-huit ans, il faisait paraître un poème chevaleresque, *Renaud*. Attiré à la cour de Ferrare, il y fit représenter l'*Aminta*, drame pastoral qui jouit alors d'un assez grand succès. En 1575, le Tasse publia sa *Jérusalem délivrée*, qui l'a placé, parmi les poètes, après Homère et Virgile. Cependant il semble qu'il n'a pas tiré d'un sujet aussi heureux tout le profit désirable ; sensible, mélancolique et rêveur, il n'a pas su renoncer à ses sentiments intimes et personnels pour s'animer, en retraçant les croisades, de ceux d'un pieux pèlerin et d'un compa-

Renaud.

La Jérusalem délivrée.

gnon de Godefroy de Bouillon Après avoir, en effet, montré l'Europe chrétienne combattant sous l'étendard de la croix pour la délivrance du tombeau du Sauveur, il s'est oublié à peindre les amours de Tancrède et de Clorinde, de Renaud et d'Armide. Mais, si l'on en croit Boileau, ce sont précisément ces épisodes qui font la beauté de son épopée ; sans eux,

> Il n'eût point de son livre illustré l'Italie.

Les malheurs du poète. Cette sensibilité si douce et si vive, qui se reflète avec tant de charme dans les vers du poète de Sorrente, fit le malheur de sa vie. Tasse ne sut jamais maîtriser les inclinations de son cœur : la passion secrète qu'il nourrissait pour Léonore, sœur du duc de Ferrare, après avoir empoisonné son existence, finit par troubler sa raison. Le duc Alphonse II ne trouva pas d'autre remède au mal du poète que de le précipiter dans un cachot. Rome fut plus juste envers l'auteur de la *Jérusalem délivrée ;* elle le déclara digne de la couronne de laurier et l'invita à monter au Capitole. Le Tasse se rendit à Rome ; mais, en proie à la souffrance, il se fit conduire directement au monastère de Saint-Onuphre, pour commencer, disait-il, dans ce lieu élevé, au milieu des bons religieux, la conversation qu'il continuerait dans le ciel. C'est là qu'il mourut le 25 avril 1595 et qu'il fut enseveli. Pie IX lui a élevé un monument en 1857.

A ces noms illustres ajoutons ceux de Ruccellaï, auteur de *Rosemonde ;* de Trissin, auteur de *Sophonisbe*, et de *L'Aretin.* Pierre l'Aretin, personnage effronté, escroc et libertin, écrivain sans art, mais non sans talent, qui se disait le *fléau des princes*, et que l'on appelait *l'aimant des stylets et des bâtons.*

La peinture ; les écoles italiennes. — La peinture, qui avait fait tant de progrès avec Giotto au siècle précédent, atteignit, au xvie siècle, après la découverte de la peinture à l'huile, à une perfection inconnue des anciens, et que, depuis trois siècles, les artistes s'efforcent en vain de reproduire. Quatre écoles principales se formèrent vers cette époque : 1° l'école florentine ; 2° l'école ombrienne ou romaine ; 3° l'école lombarde ou milanaise ; 4° l'école vénitienne.

Ecole florentine, Léonard de Vinci, Michel-Ange. — L'école florentine, que caractérisent l'application exacte de la perspective linéaire, la science de l'anatomie, le changement bien ménagé des tons, la disposition harmonieuse des parties, eut pour fondateur Masaccio. Une mort prématurée ravit malheureusement à l'art cet homme, qui semblait appelé à devenir un émule de Raphaël. Les principaux représentants de cette école furent Fra Bartolomeo, dont les figures respirent une grâce et une suavité toutes célestes, et dont le *saint Sébastien* et le *saint Marc* révèlent une connaissance profonde de l'anatomie ; Ghirlandaio, son élève ; André del Sarto (1488-1530), qui, comme Fra Bartolomeo, malgré la touche négligée de son pinceau, excelle dans les têtes d'anges et d'enfants ; Daniel de Volterra, auteur d'une belle *Descente de croix;* Léonard de Vinci et Michel-Ange.

Léonard de Vinci (1452-1519) étudia à Florence la littérature, les arts et les sciences, et, sur l'invitation de Ludovic le More, se rendit à Milan, où il reçut la direction de l'académie de peinture et d'architecture. Pendant son long séjour dans cette ville, Léonard fit construire des digues, des canaux, des écluses, dans toute la Lombardie, et peignit à fresque, dans le réfectoire des dominicains de Sainte-Marie des Grâces, à Milan, le tableau de la *Cène*, son chef-d'œuvre. « Il voulut, dit Cantu [1], que chacun de ses personnages fût reconnaissable à son air et à l'expression des sentiments qu'avaient fait naître en lui les paroles solennelles du Sauveur. Il représenta donc l'échelle ascendante de la beauté dans la forme, et s'en servit comme de manifestation visible de l'intelligence et du sentiment. » L'artiste, en effet, a réalisé son idéal et atteint à son but ; aujourd'hui encore, malgré la détérioration de cette fresque, tous les personnages de la Cène sont parlants, et aux figures de Jésus, de saint Jean, de saint Pierre, etc., on voit que le pinceau de Léonard savait unir, mais avec

[1] *Histoire universelle.*

une perfection moins grande, la grâce de Raphaël à la vigueur de Michel-Ange.

De Milan, le peintre retourna à Florence, et là fit le portrait de *Mona Lisa* (la Joconde du Louvre), prépara ses cartons de la *Bataille d'Anghiari*, malheureusement déchirés dans une émeute, etc. Enfin, après avoir visité

Rome et erré à travers l'Italie, il vint en France (1515),

et mourut peu après à Amboise. Outre la *Cène et Mona Lisa*, on doit à Léonard de Vinci la *Vierge aux rochers*, la *Vierge sur les genoux de sainte Anne*, un traité de la peinture, des écrits sur la géométrie, la mécanique, les fortifications, etc.

Michel-Ange Buonarotti (1474-1564) naquit à Caprèse, près d'Arezzo, suivit à Florence les leçons de Ghirlandaio, mais étudia surtout l'art antique dans les galeries des Médicis, et, pour connaître à fond l'anatomie, disséqua des cadavres. Ame grande et énergique, toute nourrie de la Bible et de la *Divine Comédie*, caractère ferme et brusque,

Michel-Ange fut l'ami de Jules II, homme tout d'une pièce, comme le peintre. A la physionomie, à cet œil enfoncé dans l'orbite, à ces traits saillants du visage, à ce geste nerveux, à cette parole brève, on reconnaissait deux hommes faits pour se comprendre.

Sur les instances du pape, l'artiste se décida, déjà vieux,

à orner de fresques la chapelle Sixtine. Il représenta sur la voûte la création; autour de la voûte, sur les pendentifs, les figures grandioses et inspirées des *prophètes* et des *sibylles* (le prophète Joël, la sibylle Erythrée), et, sur la

paroi du fond, le *Jugement dernier*, tableau dramatique qui défiera toujours l'analyse et la critique, sans jamais cesser de provoquer tout à la fois l'étonnement et l'admiration.

L'auteur du *Jugement dernier* a d'autres titres à la cé-

lébrité : le dôme de Saint-Pierre du Vatican et le *Moïse* de Saint-Pierre aux Liens lui assurent le premier rang parmi les architectes et les sculpteurs. Disons encore qu'il était poète à ses heures, et toujours profondément chrétien. Mais partout, sous le compas, sous le ciseau comme

sous le pinceau de cet artiste, la puissance et la force, qui semblent faire le fond de son génie, éclatent en formes colossales, en contours tranchés, en linéaments musculaires et en traits nerveux. Ce grand homme mourut à quatre-vingt-dix ans. Sur son tombeau, à Santa-Croce de Florence, on voit encore pleurer l'Architecture, la Sculpture, la Peinture et la Poésie : il n'était pas possible de chanter mieux la gloire de Michel-Ange.

Ecole ombrienne ou romaine. — Raphaël. — L'école spiritualiste de l'Ombrie se distingua d'abord par la pureté du dessin, par la suavité du sentiment, la douceur du coloris et la grâce de la forme ; mais plus tard, dans l'imitation exagérée des statues antiques, elle perdit de son expression et ne produisit plus qu'une beauté plastique.

Le fondateur de l'école ombrienne fut Pierre Vanucci, de Pérouse, plus connu sous le nom de Pérugin. En étudiant les anciens peintres, le Pérugin acquit un rare talent pour donner aux figures de bienheureux, d'anges et d'enfants, l'expression d'une douceur céleste. Son coloris surtout était ravissant ; mais il garda des anciens les poses raides, les contours sans élégance et les vêtements étroits. Ses chefs-d'œuvre sont le *Christ sur la croix*, l'*Ascension* (au musée de Lyon). L'un de ses titres de gloire, c'est d'avoir été le maître de Raphaël.

Raphaël Sanzio (1483-1520) naquit à Urbin. Là, les scènes les plus charmantes de l'art et les spectacles les plus riants de la nature inspirèrent les rêves de son enfance : tantôt il se tenait à côté de son père, le regardant peindre la Mère de Dieu pressant dans ses bras son divin Fils, et, à genoux devant eux, un enfant aux cheveux bouclés, à l'œil noir, au cou de cygne, aux joues rosées, tout semblable à Raphaël lui même ; tantôt il contemplait les montagnes si pittoresques des Apennins, les bois, les prairies, qui se déroulaient devant lui, et, dans le lointain, les flots bleus de l'Adriatique. Jamais ces souvenirs ne s'effaceront de l'âme du peintre d'Urbin. Des mains de son père (+ 1495) Raphaël passa entre celles du Pérugin. A Pérouse, l'élève ne tarda pas à prendre la manière du maître : comme le Pérugin, il faisait des figures de vierges, vrais chefs-d'œuvre de chasteté, d'expression et de coloris ; mais, mieux que lui, le jeune artiste savait disposer un dessin, draper une madone, unir à la beauté de l'âme les charmes de la beauté corporelle. Le *Mariage de la Vierge* et *Saint Nicolas de Tolentino*, que produisit alors son pinceau, le rendirent célèbre dans toute l'Ombrie.

Raphaël à Florence, admirateur de Léonard de Vinci. — De Pérouse le jeune Raphaël se rendit à Florence, alors l'Athènes de l'Italie. Là, il rencontra Léonard de Vinci. Ravi à la vue du portrait de Mona Lisa, il fut tenté d'embrasser le genre du peintre naturaliste, et se mit à étudier les anciens maîtres, sous la direction de Fra Bartolomeo. Cependant il n'abandonna point les principes du Pérugin, il prit seulement à l'école florentine une touche plus large et plus ferme, une teinte plus vigoureuse, un coloris plus gracieux, comme le révélèrent la *Vierge au chardonneret*, la *Vierge dite la Belle Jardinière*, la *Déposition du Christ au tombeau*, etc.

Raphaël à Rome. — Appelé à Rome par son oncle Bramante, il mit ses talents au service de Jules II (1508). Alors il donna le plan *Les loges.* des *loges* et esquissa les fresques qui décorent ces galeries, en laissant l'exécution à ses élèves Jules Romain, Pellegrino, etc. Mais ce fut surtout sous le pontificat de Léon X que s'épanouit, dans toute sa splendeur, le génie de Raphaël. D'ailleurs, les plus intimes sympathies unissaient *Raphaël et Léon X.* l'artiste et son Mécène ; tous deux avaient la même physionomie, les mêmes goûts, les mêmes manières, la même esthétique : ils aimaient la forme, la beauté corporelle dans l'art, qu'ils regardaient comme un rayon de cette beauté infinie dont la source est en Dieu ; mais ils voulaient qu'elle ne servît qu'à relever la beauté spirituelle de l'âme. « Pour formuler ma beauté, écrivait Raphaël, j'ai mon type dans l'esprit. » Aussi, tous les tableaux de ce grand maître tirent-ils leur perfection bien plus du sentiment que de la symétrie, bien plus de cette poésie biblique dont ils sont imprégnés que de l'élégance des formes et de la grâce du coloris.

Les stanze. — Parmi les nombreux travaux que Raphaël exécuta sous Léon X, nous remarquons dans les *stanze*, ou chambres du Vatican : 1° la *Dispute du saint Sacrement* (théologie), « la plus belle épopée chrétienne tracée par la peinture ; » 2° l'*Ecole d'Athènes* (philosophie, Platon, Aristote), qui révèle la connaissance profonde que le peintre avait de l'antiquité ; 3° le *Parnasse* (Pindare, Sapho, Virgile, Dante, Boccace, Apollon entouré des Muses) ; 4° la *Jurisprudence* (Justinien remettant le Digeste à Tribonien) ; ensuite *Héliodore chassé du temple, Saint Léon arrêtant Attila aux portes de Rome, l'Incendie du bourg, le Miracle de Bolsena, la Bataille* et le *Baptême de Constantin.*

Raphaël ne craignit même pas d'entrer directement en lutte avec Michel-Ange : comme lui, il représenta des sibylles et des prophètes, et montra qu'il avait dans l'imagination autant de puissance que de poésie. Le pinceau de l'artiste semblait infatigable. Chaque jour il produisait un nouveau chef-d'œuvre. Citons encore, parmi les meilleurs tableaux de Raphaël, la *Vierge au donataire*, la *Sainte Famille*, la *Vierge à la chaise*, la *Vierge au voile* (au Louvre), la *Fornarina*, qui ne pouvait pas être mieux placée que dans la tribune du palais des Offices, à Florence, « dans ce sanctuaire des merveilles de l'art, » enfin la *Transfiguration de Jésus-Christ*, que l'on proclame généralement le chef-d'œuvre de Raphaël et de la peinture.

Raphaël était encore un architecte remarquable ; il fut même chargé de la construction de l'église Saint-Pierre : son plan était magnifique, mais il n'eut pas le temps de l'exécuter. Tant de travaux avaient épuisé ses forces : il mourut à trente-sept ans (1520). Le pape lui fit de pompeuses funérailles : son tombeau, trop modeste, est au Panthéon à Rome.

Après la mort de Raphaël, le naturalisme, qui commençait à séduire l'élève du Pérugin lui-même, gagna complètement ses disciples. Leur pinceau produisit des formes élégantes, des poses magnifiques, de belles couleurs, mais ne créa pas d'âme : l'idéal était absent de leurs conceptions.

Les élèves les plus célèbres de Raphaël furent Jules Romain (Pippi), qui termina le tableau de la Transfiguration et construisit le palais du Té, à Mantoue ; le Primatice, qui, après avoir travaillé à orner ce palais, passa en France, etc.

Ecole lombarde. — L'école lombarde, dite encore de Bassano, a deux caractères distinctifs : elle aime les sujets qui demandent peu de force et de lumière, soigne la forme et recherche l'élégance jusqu'à la mignardise.

Ses principaux représentants sont, après François Ponte, son fondateur : Antoine Allegri dit le Corrège 1494-1534), qui s'écria, à la vue d'un tableau de Raphaël : « Eh ! moi aussi je suis peintre, » et donna le *Mariage mystique de sainte Catherine*, le *Sommeil d'Antiope*, etc. ; le Parmesan (Mazzuoli), maniéré jusqu'à l'afféterie, célèbre surtout par sa *Mort de Lucrèce* et une *Sainte Famille*, etc.

Ecole vénitienne. — Cette école, fondée par Jean Bellini et Giorgione, est remarquable par son brillant coloris ; mais on lui reproche d'avoir négligé la composition et le dessin. Elle a formé trois peintres célèbres.

1º Le Titien (1477-1576), auteur de nombreux tableaux et principalement de portraits (François Ier, Charles-Quint, les Disciples d'Emmaüs), et mort de la peste à quatre-vingt-dix-neuf ans, au moment, disait-il, où il commençait à comprendre la peinture.

2º Le Tintoret (Robusti), élève et rival du Titien, qui avait quelque chose de la fougue et de la vie de Michel-Ange, mais qui ne voulait pas perdre son temps à lécher son œuvre.

3º Paul Véronèse, doué d'une imagination féconde, auteur des *Noces de Cana*, de *Jésus avec les pharisiens chez Simon*.

L'architecture et la sculpture; Brunelleschi. — L'architecture de la Renaissance, qui couvrit de ses monuments toute l'Italie, et particulièrement Rome et Florence, est caractérisée par les lignes droites, l'arcade, le dôme, les fortes colonnes. Issue à la fois d'Athènes et de Rome païennes, elle porte les traces de son origine : elle est gracieuse, mais parle plus aux sens qu'à l'âme ; elle convient mieux aux monuments profanes qu'aux édifices religieux.

L'un des principaux créateurs du style de la Renaissance fut le Florentin Brunelleschi (1375-1444). Après avoir étudié à Rome la géométrie, la mécanique, les monuments anciens, et reconnu le point « où la hardiesse confine à la témérité, » il revint à Florence, y bâtit le palais Pitti, construction sans grâce, remarquable par ses fortes murailles, digne des mains d'un Titan, et s'illustra à jamais en lançant audacieusement sur les quatre nefs de Sainte-Marie des Fleurs, à cent mètres du sol, une immense coupole qui, sans avoir embelli ce vaste et sombre édifice, en a fait un des plus curieux de l'Italie. C'est encore à lui que Mantoue doit ses digues, et Pise, sa forteresse. Le dôme de Sainte-Marie des Fleurs.

André Orcagna s'est aussi rendu célèbre dans l'architecture par la construction de ces portiques que l'on admire encore aujourd'hui à Florence, sur la place della Signoria. Orcagna.

Bramante (1444-1514), originaire d'Urbin, révéla son génie par la construction de Saint-Ambroise et de Sainte-Marie des Grâces à Milan. Appelé à Rome par Jules II, il y bâtit le palais de la chancellerie, Saint-Pierre in Montorio, qui présente l'aspect d'un petit temple païen, et fut choisi par le pape pour ériger en l'honneur du chef des apôtres un monument digne de la métropole du monde catholique. Bramante fit donc le plan de Saint-Pierre de Rome, qui, s'il eût été réalisé, eût produit un édifice plus imposant et plus grandiose encore que celui que nous admirons aujourd'hui. Mais l'architecte mourut à l'âge de soixante-deux ans, après avoir élevé seulement les quatre piliers de la coupole. Comme ce travail, fait par parties et très précipitamment, manquait de solidité, et, de plus, que le plan était perdu, les successeurs de Bramante. Raphaël, San Gallo et Michel-Ange, modifièrent tous à leur gré la disposition première de l'édifice. Michel-Ange put cependant terminer les voûtes des nefs et faire le tambour du dôme. Malheureusement il mourut, lui aussi, avant d'achever ce travail, et son plan de la coupole ne fut point suivi par *Giacomo della Porte*, qui mit la dernière main à cette construction, commencée depuis cent cinquante ans. Bramante.
Saint-Pierre in Montorio.
Saint-Pierre de Rome.

Parmi les sculpteurs de cette époque, nous trouvons encore au premier rang le nom de Michel-Ange, dont le coup d'essai, un *Cupidon endormi*, fut un chef-d'œuvre ; Sculpture.
Michel-Ange.

un connaisseur de l'antiquité l'attribua même au ciseau d'un artiste grec. Les principales œuvres sorties de la main de ce puissant génie sont le *Christ embrassant la croix*, les statues de l'*Aurore*, du *Jour*, du *Crépuscule* et de la *Nuit*, sur le tombeau des Médicis, un *Bacchus* attribué par Raphaël à Praxitèle, la *statue* (brisée à Bologne) et le *mausolée* de Jules II, le *Moïse* (à San Pietro in Vincoli). Dans toutes ces productions on trouve une profondeur de pensée, une ampleur de forme, que n'obtiendront point ses imitateurs, en dépit de leurs énergiques efforts.

Le Florentin Benvenuto Cellini (1500-1571) fut un des premiers sculpteurs à subir l'influence de Michel-Ange. Ses meilleures œuvres sont *Persée tranchant la tête de la Méduse* (place della Signoria) et la *Nymphe de Fontainebleau*. Cellini n'est pas moins célèbre comme orfèvre et comme bretteur que comme sculpteur ; il se vantait d'avoir tué Bourbon au siège de Rome.

Florence était vraiment la mère des grands artistes. Là étaient nés encore : Donatello (1383-1466), dont le talent se révèle dans un *saint Marc* « auquel il ne manque que la parole, » et dans le groupe de bronze de *Judith et d'Holopherne*, et Lorenzo Ghiberti (1378-1455), dont le ciseau, d'une finesse sans égale, a produit de merveilleux chefs-d'œuvre. Les plus remarquables sont les deux portes de bronze du baptistère de Florence, que Michel-Ange jugeait dignes d'être placées à l'entrée du paradis. On voit représentés, sur l'une, la création de l'homme, Adam chassé du paradis terrestre, Noé après le déluge, Joseph et ses frères, et, sur l'autre, l'histoire de Jésus-Christ. La patience fut un des éléments du génie de Ghiberti ; il consacra une vingtaine d'années à chacun de ces travaux. Avant de mourir, il forma Finiguerra, qui trouva l'art d'imprimer des estampes sur des planches de cuivre gravées en creux.

Alors aussi Palestrina, surnommé le prince de la musique, rendait aux chants d'église leur beauté et leur dignité méconnues depuis longtemps. Parmi ses compositions on remarque surtout un *Stabat*, un *Miserere* et un *Popule meus*.

XVᶜ LEÇON

LA RENAISSANCE EN FLANDRE, EN ALLEMAGNE ET EN FRANCE : LES VAN EYCK, ÉRASME, DURER, COPERNIC. — LE CARDINAL D'AMBOISE, LE COLLÈGE DE FRANCE, RABELAIS, RONSARD, MONTAIGNE, L'ÉCOLE DE FONTAINEBLEAU, JEAN GOUJON, PHILIBERT DELORME.

Flandre : Erasme, les Van Eyck. — Didier Erasme (1467-1536) naquit à Rotterdam, étudia les lettres au collège Montaigu, à Paris, se fit recevoir docteur en théologie à Bologne, résida quelque temps à la cour de Ferrare, visita Rome et les autres villes d'Italie, passa de là en Angleterre, où il se lia avec Thomas Morus et enseigna le grec à Oxford, puis revint sur le continent et se fixa à Bâle, auprès de Froben, son imprimeur. *(Voyages d'Erasme.)*

Erasme fut le représentant le plus complet de la Renaissance. Erudit, il publia les œuvres de plusieurs auteurs anciens, sacrés ou profanes, traduisit Plutarque, Lucrèce, etc., composa en latin des *Colloques*, dans lesquels il n'épargne guère les moines, et l'*Eloge de la folie*, qui n'est qu'une piquante satire contre toutes les classes de la société, dans laquelle il ne voit que des fous. *(Ses œuvres.)*

Ce que l'on remarque principalement dans les œuvres du philosophe batave, c'est l'élégance cicéronienne de sa phrase, l'atticisme de son goût et la finesse de son esprit. Mais il semble n'écrire que pour montrer la grâce et la légèreté de sa plume, pour rire et plaisanter aux dépens d'autrui. Il sacrifie tout à quelques bons mots et à son repos. Quand, en effet, apparut la réforme, qui mit l'Europe en feu, Erasme, qui voyait les princes se disputer un de ses billets, Erasme, l'oracle du monde littéraire, « eut le courage de rester philosophe. » Sans oser se prononcer franchement pour les catholiques ou pour les *(Son caractère.)*

protestants, il continua de vivre en riant : « La réforme, disait-il, a abouti au mariage universel. » Aussi « mourut-il au bout d'une phrase élégante encore, mais méprisée. » Cette indifférence, ou plutôt ce lâche égoïsme, qui attira au philosophe la haine de tous les partis, a pourtant trouvé des admirateurs !

Jean de Bruges. — Hubert Van Eyck (1366-1426) et Jean Van Eyck (1386-1440) étaient tous deux Flamands et frères. L'aîné fut le maître du cadet, connu encore sous le nom de Jean de Bruges. Ensemble ils travaillèrent dans cette ville à l'*Adoration de l'Agneau*, qui renferme plus de trois cents figures. Cette toile, par son coloris et sa finesse, atteste le talent des deux frères. Mais Jean unit au mérite d'avoir été un excellent peintre celui d'avoir hâté le perfectionnement de la peinture à l'huile.

Perfectionnement de la peinture à l'huile. — Avant Jean de Bruges on savait peindre à l'huile ; seulement, comme on employait sans préparation cet élément, le moins facile à sécher, après avoir appliqué une couleur, il fallait attendre fort longtemps avant que l'on pût en appliquer une autre. Le peintre flamand, versé dans la chimie, substitua donc, en 1410, à l'huile de lin, l'huile de noix et de pavot, y mélangea un siccatif qui accélérait l'évaporation et permettait de repasser aussitôt le pinceau sur le tableau. Grâce à la découverte de ce procédé nouveau, la peinture à l'huile fit de rapides progrès. Ce fut encore cet artiste qui apprit à faire des vitraux d'une seule pièce. Jean de Bruges excellait surtout à reproduire les scènes historiques, les paysages, les fleurs, etc. On compte la *Vierge couronnée par un ange* et les *Noces de Cana* parmi ses meilleurs tableaux.

Allemagne. — Dürer, Copernic. — La Renaissance avait de bonne heure franchi les Alpes et pénétré en Allemagne. Mais là, les humanistes ne se renfermaient pas exclusivement dans l'étude des chefs-d'œuvre anciens, ils se faisaient une arme de leurs connaissances littéraires, et combattaient à outrance les études et les idées du moyen âge. *Les humanistes et les moines.* — Reuchlin surtout, fervent disciple de Platon, battait en brèche Aristote et toute la scolastique, et décochait des traits pleins d'ironie contre les moines, leurs partisans.

Malheureusement ceux-ci n'étaient pas prêts à répondre aux humanistes, ils n'avaient pas assez étudié les auteurs qu'ils avaient transcrits. D'ailleurs, eussent-ils étudié, comme leurs adversaires, Aristophane, Juvénal, etc., ils n'auraient pas pu les suivre sur le terrain fangeux où ces lettrés campaient. Cette lutte changea le cours ordinaire de la Renaissance ; pas un chef-d'œuvre littéraire ne sortit alors de l'Allemagne. Les *Epistolæ virorum obscurorum* du caricaturiste Ulric de Hutten ne trahissent pas un homme de talent et de goût ; ce livre, au témoignage d'Erasme et de Reuchlin lui même, n'est qu'une débauche d'esprit, une farce de tréteaux. Reuchlin et Hutten ne firent donc autre chose que de provoquer le gros rire des Teutons aux dépens des moines, et de préparer ainsi la voie à la réforme.

Plus qu'eux, Luther, par sa traduction de la Bible et ses pamphlets en langue vulgaire, exerça de l'influence sur la littérature allemande. Mélanchthon, son disciple, se contenta d'être un helléniste distingué L'Allemagne attendra le XVIIIe siècle pour avoir de véritables écrivains.

Les arts ne furent pas mieux représentés sous le ciel stérile de la Germanie : à part ceux des peintres Holbein, de Bâle, et de Dürer, on n'y trouve aucun nom illustre.

Albert Dürer (1474-1528), fils d'un orfèvre de Nuremberg, après avoir étudié sous Wolgemuth, visita l'Italie, les Pays-Bas, puis mit ses talents au service des empereurs Maximilien et Charles-Quint. Il enrichit alors l'Allemagne de tableaux et de gravures sur cuivre. Le génie allemand, avec ses qualités et ses défauts, se reflète dans ses œuvres. Dürer recherche surtout les sujets du genre fantastique ; il les dispose avec autant d'art que de science et les imprègne d'une sombre poésie, mais il donne à ses personnages des poses raides et les drape sans goût. Son pinceau a de l'éclat, de la finesse et de la vigueur, mais il manque de naturel et de grâce. Les meilleures gravures sur cuivre de l'artiste de Nuremberg sont : *Adam et Eve*, la *Nativité*, la *Sorcière*, la *Famille du Satyre*, le *Joueur de cornemuse*, et parmi ses meilleures toiles on cite la *Trinité*, le *Martyre de saint Barthélemy*, les *Quatre tempéraments*.

Copernic (1473-1553) naquit à Thorn, en Pologne, étudia le latin, le grec et la philosophie à Cracovie, l'astronomie à Bologne, et enseigna les mathématiques à Rome. Devenu possesseur d'un canonicat, il retourna dans sa patrie et se mit à étudier le système astronomique des anciens, et à faire des expériences dans son observatoire de Frauenburg. Convaincu que le système de Ptolémée était faux, il le combattit et exposa ses propres théories dans son ouvrage *De orbium cœlestium revolutionibus*, où il enseignait, comme on le croit aujourd'hui, que le soleil est le centre du monde. C'est sur le travail de Copernic que se basa Grégoire XIII pour réformer le calendrier. — Le Danois Tycho-Brahé.

La Renaissance littéraire en France. — Avant la Renaissance, la France comptait déjà des prosateurs et des poètes illustres. Voici la liste de leurs noms et de leurs œuvres.

Froissart (1337-1410) naquit à Valenciennes. Aimant la chasse, la musique et les fêtes des cours, il s'attacha, bien qu'il fût clerc, à Robert de Namur, à Philippe de Hainaut, etc. Mais jaloux avant tout de sa liberté, il aimait à en jouir ; aussi passa-t-il la meilleure partie de sa vie à errer à travers la France et l'Angleterre. C'est en voyageant ains qu'il composa ses *Chroniques de France, d'Angleterre et d'Espagne*, ouvrage plein de récits dramatiques, de tableaux colorés, et d'un style naïf, élégant et poétique. Avec des chroniques, Froissart composa des ballades qui ne manquent ni de grâce ni d'harmonie.

Le Bourguignon Enguerrand de Monstrelet continua la Chronique de Froissart jusqu'en 1453.

Christine de Pisan, fille de l'astrologue de Charles V, écrivit la vie de ce roi, des ballades et des rondeaux. On découvre, à travers son style gracieux et limpide, une âme plaintive et mélancolique.

Alain Chartier (1385-1443) naquit à Bayeux, devint secrétaire de Charles VI, et obtint une grande célébrité comme poète et prosateur. Remarquable par l'élévation et l'ordre des idées, par la force des sentiments, il mérita le beau nom de *père de l'éloquence française*. Un jour, dit-on, la reine de France elle-même aurait baisé respectueusement les lèvres éloquentes du poète endormi. On a de lui une *Histoire de Charles VII*, la *Généalogie des rois de France* depuis saint Louis à Charles VII, le *Bréviaire des nobles*, etc.

Philippe de la Clyte, sire de Commines en Flandre (1445-1509), apprit les langues étrangères à la place du latin et du grec, et s'attacha au service de Charles le Téméraire. Mais, trouvant ce fougueux batailleur incapable de le comprendre, il suivit Louis XI à Paris après l'entrevue de Péronne et devint le conseiller de ce prince. Après la mort de Charles VIII, il abandonna la cour, et dans sa retraite écrivit ses *Mémoires*. Commines n'est plus, comme ses prédécesseurs, un simple chroniqueur ; il étudie les faits dans leurs causes et leurs résultats, s'intéresse aux peuples et aux institutions. La précision et la clarté sont les principales qualités de son style.

Citons encore les *Mémoires du chevalier sans peur et sans reproche*, que rédigea le Loyal Serviteur ; ceux du maréchal de Fleuranges, surnommé le *Jeune adventureux*, et de Martin du Bellay.

La poésie eut aussi, avant la Renaissance, ses représentants : Froissart, Christine de Pisan, Alain Chartier au XIVe siècle, Charles d'Orléans et Villon au XVe, Marot et Mellin de Saint-Gelais au XVIe.

Charles d'Orléans, fils de Louis d'Orléans, fut fait prisonnier à la bataille d'Azincourt et emmené en Angleterre. Là, il passa vingt-cinq ans, charmant les ennuis de sa captivité en faisant des ballades, des chansons et des rondeaux. Finesse d'esprit, délicatesse de sentiments, grâce du style, telles sont les qualités que possède ce poète.

Villon (1431-1484) naquit à Paris. Sans rien *débrouiller*, mais d'une versification facile, il écrivit, au milieu d'une vie de débauches et d'escroqueries, des ballades alors très populaires ; il fut le digne précurseur de Marot.

Clément Marot (1495-1544), fils de Jean Marot, poète normand distingué, naquit à Cahors. Envoyé à Paris pour étudier le droit, il laissa, comme bien d'autres, les Pandectes pour la poésie, obtint la protection de Marguerite de Navarre et de son frère François Ier, partagea l'infortune de ce prince après la bataille de Pavie, et avant lui *Ses aventures.* rentra en France, où ses mœurs et ses écrits licencieux lui ouvrirent encore les portes d'une prison. Mis de nouveau en liberté, sur l'ordre du roi, il fut accusé d'hérésie et s'enfuit auprès de Marguerite, en Béarn, d'où il passa en Italie. Revenu en France, il fut condamné par la Sorbonne pour sa traduction des psaumes, pleine d'erreurs théologiques, et contraint de repasser les monts. Il mourut dans la détresse à Turin.

Qualités du poète. Doué d'un véritable talent, Marot excella par la grâce et l'esprit dans la ballade, le rondeau et autres poésies du genre familier ; Boileau a donc eu raison de dire :

> Imitons de Marot l'élégant badinage.

C'était ce qu'avait déjà fait Mellin de Saint-Gelais, qui importa d'Italie le sonnet.

3° Les romanciers. Marguerite de Navarre. Dès le commencement du xvie siècle, la France avait même des romanciers. Marguerite de Navarre, surnommée la *dixième Muse*, écrivit alors des contes licencieux comme ceux de Boccace. Le valet de chambre de cette *Despériers.* princesse, Bonaventure Despériers, d'Arnay-le-Duc, publia lui-même *Quatre-vingt-dix Nouvelles et joyeux Devis*, où son épicurisme se révèle à chaque page. Mais, de tous ces écrivains, le plus célèbre est Rabelais.

Rabelais. — François Rabelais (1483-1553) naquit à Chinon, à l'auberge de la Lamproie. Après avoir été un écolier mutin, il devint un franciscain laborieux à Fontenay-le-Comte : il étudiait tout, les langues anciennes et modernes, la théologie, la jurisprudence et les sciences. *Les voyages de Rabelais.* Bientôt il laissa les franciscains pour les bénédictins, et ceux ci pour l'école de médecine de Montpellier. De là il s'en alla courir le monde et mourut à Paris, après avoir été curé de Meudon.

Gargantua et Pantagruel. Les ouvrages qui ont fait la réputation de Rabelais sont : les *Aventures de Gargantua* et l'épopée burlesque de *Pantagruel*. D'après la Bruyère, ce livre est « une énigme, un monstrueux assemblage d'une morale fine et ingénieuse et d'une sale corruption. » C'est une œuvre, dit Sainte-Beuve, « qui vous saisit et vous déconcerte, vous enivre et vous dégoûte, et dont on peut, après s'y être beaucoup plu et l'avoir beaucoup admirée, se demander sérieusement si on l'a comprise. » Aussi certains commentateurs n'ont-ils vu dans Rabelais qu'un moine débauché, écrivant sans but sérieux, pour s'amuser et amuser les autres : c'est ainsi que l'a jugé son siècle. D'autres, avec plus de raison, trouvent, au milieu des aventures extraordinaires et des combats gigantesques de Gargantua, le plan d'un système complet d'éducation, et dans les récits épiques des voyages de Pantagruel, une critique des institutions et de la société du XVIᵉ siècle. Charles Nodier appelait Rabelais « l'Homère bouffon. » Quoi qu'il en soit, ce que tous voient dans l'œuvre du curé de Meudon, c'est que l'Eglise, les choses saintes, la famille, les rois et les magistrats, y sont tournés en ridicule ; c'est par ces plaisanteries impies qu'il est « le charme de la canaille. »

Comme écrivain, Rabelais a la licence fougueuse d'Aristophane, l'art de conter de Boccace, l'imagination dévergondée de l'Arioste, l'esprit railleur d'Erasme ; il a été le père de la Fontaine, de Voltaire et de Courrier. En outre, il a concouru, bien que son langage soit semé de mots grecs et latins, au progrès de la langue française, en lui fournissant des tours nouveaux ; il a montré qu'elle était capable de bien exprimer toutes les pensées et tous les sentiments. Ce qui manquait encore à notre langue, c'était la noblesse, le goût, la correction : ce furent précisément ces qualités que vint lui apporter la Renaissance.

Le Collège de France. — Les Français, au contact des Italiens, avaient pris de bonne heure le goût des lettres anciennes ; aussi la France eut-elle bientôt, comme l'Italie, grâce à l'intelligente protection que leur accordèrent les rois, des savants et des artistes. La Renaissance suivit chez nous la même marche qu'au delà des monts : elle ne produisit d'abord que des érudits, dont les plus célèbres furent Guillaume Budé, Jacques Lefebvre, Etienne Dolet, les deux Scaliger, et Lambin, qui commenta avec *un soin minutieux* Lucrèce, Cicéron. Ce fut surtout pour propager la connaissance des littératures anciennes que François Ier, à l'exemple de Léon X, et malgré l'opposition de l'université jalouse, fonda le Collège royal ou Collège de France. Cet établissement, élevé sur le terrain de l'hôtel de Nesle, fut doté d'un revenu de 50,000 écus, et chargé d'enseigner gratuitement à six cents jeunes gens d'abord l'hébreu, le grec et le latin (collège trilingue), puis la philosophie, les mathématiques, la médecine, etc.

Au nombre des plus célèbres professeurs de cette institution, dont Erasme refusa la direction, on cite l'hébraïsant Vatable, l'helléniste Danès, l'orientaliste Postel, le mathématicien Finé, et le philosophe Pierre Ramus, qui battit en brèche Aristote et même Cicéron. Bien d'autres professeurs, ennemis de la Sorbonne, attaquèrent, comme Ramus, sous prétexte d'enseignement scientifique, la doctrine catholique, et défendirent les erreurs religieuses du XVIe siècle.

François Ier fonda, comme complément du Collège de France, l'imprimerie royale, qui fut chargée d'éditer, sous la direction du savant Turnèbe, les livres que les érudits français allaient chercher en Orient; en outre, il augmenta la bibliothèque du Louvre : c'est à ces œuvres qu'il doit son nom de *père des lettres.* — Les Estienne et les Badius, imprimeurs et érudits, auteurs du *Thesaurus linguæ latinæ* et du *Thesaurus græcæ linguæ,* servirent aussi efficacement la cause de la Renaissance.

Mais bientôt les lettres anciennes eurent des admirateurs enthousiastes, exagérés. Joachim du Bellay publia, dès 1549, sa *Défense et illustration de la langue française,* qui n'était que le manifeste d'une nouvelle école que dirigeait Pierre Ronsard.

Pierre Ronsard. — Ronsard (1524-1585) naquit au château de la Poissonnière, près de Vendôme ; étudia au collège de Navarre, à Paris ; suivit Jacques Stuart en Ecosse, où il apprit l'anglais, et apprit l'allemand à Spire. Devenu sourd, il renonça aux voyages et se livra, pendant sept ans, à l'étude des langues anciennes. En 1550 il publia des odes, en 1555 des hymmes, et tenta même de donner à la France un poème épique, la *Franciade*. Il mourut dans son prieuré de Saint-Cosme en l'Isle, et Duperron, qui fit son oraison funèbre, jeta sur son cercueil toutes les fleurs de la littérature ancienne. La *Franciade*.

Ronsard, qui, d'après Boileau,

> Régla tout, brouilla tout, fit un art à sa mode,

se proposa de rajeunir et d'enrichir la langue française en y mêlant des mots nouveaux, tirés des trésors de l'antiquité grecque et latine. Il pouvait accomplir cette réforme ; il avait de l'érudition, un profond sentiment de l'art, un vrai génie ; mais il ne sut pas rester dans les limites de la modération. Avec ses collaborateurs, du Bellay, Jodelle, Baïf, Belleau, etc., qui formaient la *Pléiade* ou *Brigade*, il se jeta aveuglément dans la réaction contre le genre marotique, et invita les *Gaulois à dépouiller* de nouveau *le temple de Delphes*. Il donna lui-même l'exemple du pillage, Tentative de Ronsard.
La *Pléiade*.
Ses excès.

> Et sa muse en français parla grec et latin.

Mais, après avoir eu quelque temps une grande vogue, le système de Ronsard fut abandonné. Si l'on doit se réjouir d'avoir vu

> Tomber de ces grands mots le faste pédantesque

(Apollon était porte-perruque ; le soleil, brûle-champs), on doit regretter la perte de ces gracieux diminutifs que l'*Avette du Vendômois* voulait introduire dans notre langue ; ils auraient donné au français cette légèreté et cette harmonie qui caractérisent l'italien. Ronsard, si déprécié par Boileau, n'est point un écrivain digne de mépris : s'il a échoué dans ses projets de réforme et dans la poésie épique, il a révélé dans ses odes un talent réel pour la poésie personnelle ; on y trouve la délicatesse du sentiment, la fraîcheur et la cadence du style. Qualités de Ronsard.

Montaigne. — Michel Eyquem de Montaigne (1533-1592) naquit au château de Saint-Michel en Périgord. Il fut entouré, dès son enfance, de serviteurs parlant latin,

Education
et voyages
de Montaigne.

et fut envoyé compléter ses études à Bordeaux. Nommé conseiller à la cour des aides de cette ville, il résigna bientôt sa charge et se mit à voyager. Il visita Rome, y reçut le titre de citoyen romain, puis parcourut la Suisse, l'Allemagne, etc. Dans ses voyages à Paris, il s'entretint souvent avec Mlle de Gournay, « sa fille d'alliance. » Il mourut dans son château de Saint-Michel, où il avait composé ses *Essais*.

Les Essais.

Ce livre n'est que la révélation sincère, complète, de la vie, des sentiments et des pensées de l'écrivain ; là, il nous exhibe, de la tête aux pieds, toute sa personne ; il nous retrace en détail tous ses actes ; il nous fait part de ses impressions les plus intimes. Mais en nous communiquant ses idées sur l'éducation des enfants, sur l'amitié, les livres, l'utile, l'honnête, etc., il y mêle avec adresse celles de Cicéron, de Sénèque, de Plutarque, d'Horace et de Platon, dont il possédait parfaitement les écrits. Le mot qui semble résumer toutes ses pensées, c'est celui d'un sceptique : *Que sais-je?* Dans Montaigne, comme dans Rabelais, chacun trouve donc ce qu'il cherche ; le chrétien, l'impie et le débauché peuvent également y puiser.

Qualités du style de Montaigne.

Montaigne a pris la peine de nous dire lui-même les qualités de son style : « Sa langue est un parler simple et naïf, tel sur le papier qu'à la bouche, un parler succulent et nerveux.... non tant délicat et peigné que véhément et brusque. »

A ces noms ajoutons encore ceux de la Boétie, auteur du *Traité de la servitude volontaire*, de Jacques Amyot, traducteur de la *Vie des hommes illustres* de Plutarque, de Pasquier, de de Thou, de d'Aubigné, de Blaise, de Montluc et de Brantôme, auteurs de Mémoires.

Citons, parmi les écrivains politiques, Jean Bodin, d'Angers, auteur de six *livres de la république* ; Charron ; parmi les jurisconsultes, Cujas, Pithou, l'Hôpital ; parmi les mathématiciens, Viète et Finé ; parmi les médecins, Ambroise Paré, de Laval, le père de la chirurgie française ; Vésale, médecin de Charles-Quint.

Les beaux-arts en France; le cardinal

d'Amboise. — Avant la Renaissance, on voyait déjà en France des monuments qui, comme la chapelle de l'hôtel de Cluny à Paris, la maison de Jacques Cœur à Bourges, tout en conservant des traces profondes de l'architecture gothique, ne manquaient ni de grâce ni d'élégance ; ils nous disent assez ce qu'aurait pu devenir l'architecture française en se développant au souffle de l'inspiration nationale. Mais, sous l'influence des artistes italiens, les artistes français rompirent brusquement avec l'architecture gothique : partout, à la place de ces manoirs aux fortes murailles, aux voûtes sombres, aux fenêtres étroites, on vit s'élever des châteaux légers, brillants, ornés au dehors de gracieuses décorations, et tout imprégnés au dedans d'air et de lumière. Malheureusement cette architecture manquait d'originalité. *L'architecture en France avant la Renaissance.*

Cependant quelques esprits d'élite, même après avoir admiré les magnifiques palais de Milan, de Rome et de Florence, surent faire la part de l'art français et de l'art italien, et les unir harmonieusement ensemble : ainsi firent le cardinal d'Amboise, dont le tombeau est le plus beau monument du siècle, et Pierre Nepveu. En effet, par les soins du cardinal, ministre de Louis XII, Fra Giacondo construisit à Paris le pont Notre-Dame, la grand'-chambre du parlement ; à Rouen, le palais de justice ; les châteaux de Blois et du Gaillon, et dans tous ces édifices on retrouve un heureux mélange du style gothique et du style grec. *Le cardinal d'Amboise.*

Pierre Nepveu réussit également à associer les deux styles dans le château de Chambord, l'une des merveilles de l'art moderne. *Pierre Nepveu.*

L'école de Fontainebleau. — François Ier, admirateur passionné des monuments de l'Italie, attira en France Léonard de Vinci, maître Roux, Benvenuto Cellini, André del Sarto, Vignole, et alors la Renaissance fut complètement victorieuse. Le château de Fontainebleau, auquel travaillèrent successivement ces artistes, devint le musée de l'art italien. Là maître Roux, peintre et architecte, tint école ; mais, artiste sans théorie, visant avant tout à l'élégance sans même s'occuper du naturel, dédai- *Maître Roux.*

gnant ceux qui faisaient autrement que lui, n'acceptant pour élèves que ceux qui renonçaient aux principes des maîtres français, il ne forma pas un seul peintre sérieux ; d'ailleurs il n'y avait que des talents médiocres à subir une pareille tyrannie.

Le Primatice, son successeur (1504-1570), qui avait travaillé sous Jules Romain et tenait à la fois de Raphaël et de Michel-Ange, eut plus de succès ; il soumit ses élèves aux procédés de l'école, et il en forma plusieurs qui ont laissé en France des ouvrages assez remarquables.

A l'école de Fontainebleau appartient Jean Cousin (1500-1589). Né à Soucy, près de Sens, Cousin, sans visiter l'Italie, s'inspira des œuvres de Michel-Ange ; comme lui, il fut peintre, architecte, sculpteur, écrivain. Il tint de son modèle un style large, un dessin vigoureux, mais il ne sut point imiter le coloris de l'artiste italien. Sa meilleure toile est un *Jugement dernier* (au Louvre), sa meilleure sculpture est la statue de l'amiral Chabot. Cousin se rendit célèbre surtout par ses peintures sur verre ; il en fit pour Metz, Sens, Vincennes, Rouen, etc.

Parmi les châteaux construits alors par les Italiens et leurs élèves, citons ceux d'Azay-le-Rideau, de Chenonceaux, d'Amboise, de Nantouillet (à Duprat), d'Ecouen, de Chantilly (à Montmorency), de Samblançay, près de Tours, et de Madrid, dans le bois de Boulogne.

Un Français, Pierre Lescot (1510-1571), commença à élever, sur l'emplacement de l'ancienne forteresse bâtie au bord de la Seine par Philippe Auguste et transformée en château par Charles V, le palais actuel du Louvre ; mais il ne put exécuter que la façade du couchant. Les artistes français les plus distingués furent Jean Goujon et Philibert Delorme.

Jean Goujon. — Jean Goujon (1520-1572), surnommé le *Phidias français*, le *Corrège de la sculpture*, naquit à Paris et se forma en Italie. Ses œuvres les plus précieuses sont les *naïades de la fontaine des Innocents*, les *cariatides de la salle des gardes* au Louvre, la *Diane chasseresse*, le *buste de Coligny*. On y admire sa science de l'anatomie, la pureté de son goût, la grâce et la force de son ciseau.

Germain Pilon (1515-1590), né près du Mans, fut Germain Pilon l'émule de Goujon. On cite, parmi ses meilleurs travaux, les *Trois Grâces,* les *mausolées* de Guillaume du Bellay, de Henri II et du chancelier de Birague.

Philibert Delorme. — Philibert Delorme (1520-1579) naquit à Lyon, et, après plusieurs années passées à étudier en Italie, éleva dans sa ville natale la façade de l'église Saint-Nizier. Introduit à la cour par le cardinal du Bellay, il construisit le *tombeau de François Ier* à Saint-Denis, répara les châteaux de la Muette et de Saint-Germain, donna le plan de ceux d'Anet et de Meudon, et, par ordre de la régente Catherine de Médicis, qui voulait un château plus beau que tous ceux qui existaient, éleva près du Louvre, sur l'emplacement d'une fabrique de tuiles, les *Tuileries.* Malheureusement il n'eut pas le Les Tuileries. temps d'achever son entreprise, et son plan a été plusieurs fois remanié par ses successeurs. On lui doit encore la grande cour du château de Fontainebleau, et un traité de l'*Art de bâtir.* — Jean Bullant, son élève, travailla aussi aux Tuileries et bâtit le château d'Ecouen.

Espagne et Angleterre. — La Renaissance eut aussi ses représentants en Espagne et en Angleterre. Parmi les littérateurs de l'Espagne au xvie siècle citons Ecrivains espagnols. Henri de Villena, traducteur de l'Enéide ; Lope de Véga (1562-1635), auteur de dix-huit cents pièces, tragédies ou comédies ; Michel de Cervantes (1547-1616), qui composa *Don Quichotte de la Manche ;* Guilhem de Castro, auteur du *Cid.* — A cette époque, le Portugais le Camoëns, exilé à Macao, écrivit les *Lusiades.*

En Angleterre, on remarque, au xvie siècle, Geoffroy Ecrivains anglais. Chaucer, le père de la poésie britannique ; Edmond Spencer, auteur du poème la *Reine des fées ;* Shakespeare, qui a laissé trente-six pièces : *Roméo et Juliette, le Roi Lear, Macbeth, Hamlet, Othello, les Commères de Windsor.*

XVIᵉ LEÇON

LA RÉFORME EN ALLEMAGNE ET DANS LES ÉTATS SCAN-
DINAVES. — LUTHER. — PAIX D'AUGSBOURG. — LA
RÉFORME EN SUISSE : ZWINGLE, CALVIN A GENÈVE.

Nécessité d'une réforme

Une réforme disciplinaire était nécessaire au XVIᵉ siècle dans la société chrétienne : les papes l'avaient compris, et déjà ils s'étaient mis à l'œuvre. En effet, au concile de Latran (1513), Léon X avait proclamé la nécessité d'une rénovation morale pour la république chrétienne tout entière, et, par son inspiration, un grand nombre de décrets relatifs à l'élection du pape, à la conduite des cardinaux, à la formation du clergé, avaient été publiés : âge mûr, probité, doctrine, prudence, mœurs exemplaires, voilà ce que l'on exigeait aussi bien des dignitaires ecclésiastiques que des simples prêtres. La réforme des mœurs était donc en voie de s'accomplir pacifiquement, lorsque Luther vint jeter le trouble dans l'Eglise.

Le concile de Latran.

La réforme en Allemagne. Luther. — Martin Luther (1483-1546) naquit à Eisleben, en Saxe, fit ses études à Eisenach, grâce à la générosité d'une pieuse femme, la charitable Cotta, et, à vingt-deux ans, entra sans vocation au couvent des augustins d'Erfurt. En 1506, il fut ordonné prêtre et nommé professeur de philosophie à l'université de Wittemberg ; en 1510, il visita Rome et revint à Wittemberg, où il reçut le grade de docteur. Il avait déjà toutes les qualités qui conviennent à un hérésiarque, des idées fausses sur Dieu et sur l'homme, des préjugés de Teuton contre Rome et la papauté, avec des passions ardentes et principalement un orgueil et une opiniâtreté inflexibles, avec une éloquence populaire, entraînante, capable de remuer les masses.

Premières années de Luther.

En ce temps-là (1516), Léon X publia les indulgences, et Albert de Brandebourg, archevêque de Mayence, chargea le dominicain Tetzel de les prêcher en Allemagne. Soit que quelques-uns des compagnons de Tetzel exagérassent l'efficacité des indulgences ou fissent leur profit des aumônes des fidèles, soit que les augustins fussent jaloux de la préférence donnée aux dominicains, Luther, avec l'autorisation de Staupitz, vicaire général de son ordre, attaqua les prédicateurs et les indulgences, bien qu'il ignorât complètement ce sujet, comme il l'a déclaré plus tard, et afficha quatre-vingt-quinze thèses sur cette matière dans l'église de Tous-les-Saints, à Wittemberg (1517).

Les propositions du docteur eurent un grand retentissement dans toute l'Allemagne et bientôt franchirent les monts. Léon X, qui n'avait vu d'abord dans ces dissensions qu'une « querelle de moines, » cita Luther à Rome, puis, par condescendance, envoya successivement en Allemagne, en qualité de légats, Cajetan et Miltitz. L'hérésiarque comparut devant eux, mais refusa de se rétracter ; des légats il en appela au pape mieux informé, du pape au concile, et finalement du concile aux Écritures interprétées non par les pères et les docteurs de l'Eglise, mais par lui-même. Vaincu par Eck dans un tournoi théologique tenu à Leipsig, il adressa au pape son livre de la *Liberté chrétienne*, et, en guise de raisons ou d'excuses, une lettre pleine d'injures ; d'ailleurs Luther n'aura plus que des démonstrations de ce genre à servir à ses adversaires.

Alors Léon X condamna les erreurs du moine (1520) ; celui-ci brûla la bulle pontificale et toutes les décrétales des papes, aux grands applaudissements de ses disciples. Enfin Léon X excommunia Luther, et la diète de Worms, devant laquelle l'hérésiarque affirma ses erreurs, le mit au ban de l'empire. Mais Frédéric le Sage eut soin de mettre Luther en sûreté à la Wartbourg. De cette *nouvelle Pathmos*, l'apôtre de la réforme ne cessa point de répandre en Allemagne ses grossiers pamphlets contre le pape, les cardinaux et toute la hiérarchie ecclésiastique.

Quelles étaient donc les erreurs de Luther ? Ainsi que le montre son livre du *serf arbitre*, il niait la liberté humaine ; il attribuait à la foi seule la justification du pécheur ; aussi disait-il à Mélanchthon : *Pecca fortiter, sed crede fortius ;* il rejetait tous les sacrements, sauf le baptême et l'eucharistie ; encore enseignait-il que tous les chrétiens sont prêtres, et que le pain devient le corps de Jésus-Christ sans changer de substance (impanation et non transsubstantiation) ; en outre, il rejetait l'autorité du pape, des conciles et de la tradition, le célibat. les vœux, la prière, les jeûnes et les abstinences ; en fait d'autorité, il n'en reconnaissait pas d'autre que celle des Ecritures, qu'il abandonnait à l'interprétation individuelle. Le luthéranisme renfermait donc le principe du libre examen et tendait à la ruine de l'Eglise et de la morale. Heureusement les disciples de l'hérésiarque manquent de logique et ne conforment point leurs actes à leur doctrine.

Les erreurs du moine de Wittemberg ne tardèrent pas à se répandre en Allemagne. Leur propagation rapide s'explique par la disposition des esprits à cette époque et par la nature même du luthéranisme. Converti d'abord par l'épée de Charlemagne, dévoué à l'empereur pendant la rivalité du sacerdoce et de l'empire, scandalisé par le grand schisme, par la doctrine de Jean Huss et par les mœurs de quelques membres du haut clergé, le peuple allemand n'avait jamais été sincèrement attaché à la foi catholique. De plus, habitué depuis longtemps par Erasme, Reuchlin et Hutten, à rire des moines, il avait perdu la connaissance et le respect des choses religieuses. Comment donc n'aurait-il pas applaudi aux caricatures, aux sarcasmes et aux pamphlets que Luther lançait contre le clergé ? Comment donc n'aurait-il pas cédé à l'attrait d'une doctrine qui lâchait le frein à ses grossiers instincts et flattait ses passions ? Comment les princes sensuels et cupides n'auraient-ils pas entendu la voix qui les exhortait à s'emparer des riches domaines ecclésiastiques ? « Parmi cent évangéliques, disait Calvin lui-même, on en trouverait à peine un seul qui se soit fait évangélique par aucun autre motif que pour pouvoir s'abandonner avec plus de liberté à toutes sortes de voluptés et d'incontinences [1]. »

---

[1] BOSSUET, *Histoire des variations.*

La doctrine luthérienne ne fut pas seulement condamnée à Rome par le pape et à Paris par la Sorbonne,
elle fut encore réfutée en Angleterre par Henri VIII, qui
reçut de Léon X le beau nom de *Défenseur de la foi*, et
attaquée en Allemagne même par les disciples de l'hérésiarque. Mais celui-ci, récemment sorti de la Wartbourg et
retiré à Wittemberg, savait répondre à tous ses adversaires ;
pour tous il avait des injures. Le pape, disait l'*ecclésiaste
de Wittemberg*, qui, pour confirmer le précepte par
l'exemple, avait épousé la religieuse Catherine Bora, le
pape était un schismatique, un idolâtre ; la Sorbonne, la
sentine de l'hérésie ; Henri VIII, un maraud, le plus gros-
sier de tous les pourceaux et de tous les ânes ; Zwingle,
Carlostadt et OEcolampade étaient des hommes « endia-
blés, perdiablés, transdiablés. » Luther, qui rejetait l'autorité de l'Eglise et posait le principe du libre examen, ne
supportait pas la contradiction : en face de ses adversaires, il avait, disait Mélanchthon, « la colère d'un Achille
et les emportements d'un Hercule. »

Luther et ses adversaires.

Pour gagner les princes à sa cause, Luther les engagea
à dépouiller les évêques et les abbés. Alors l'électeur de
Saxe, Philippe de Hesse, tous les princes du centre et du
nord de l'Allemagne, embrassèrent la réforme et commen-
cèrent à séculariser les bénéfices ecclésiastiques enclavés
dans leur domaine. Mais des évêques et des abbés, comme
Albert de Brandebourg, grand maître de l'ordre Teuto-
nique, pour conserver leurs bénéfices, se firent luthériens.

Sécularisation des domaines ecclésiastiques.

Conduite des princes.

Les paysans voulurent avoir leur part dans les dépouilles
de l'Eglise et établir la communauté des biens, que leur
prêchait Nicolas Storch. Ils prirent donc les armes, et, conduits par Munzer et Goëtz de Berlinchingen, ils ravagèrent
la Franconie, la Souabe, le pays de Bade, le Palatinat,
franchirent le Rhin et désolèrent l'Alsace. Luther, qui,
par des promesses de liberté et d'indépendance, les avait
armés, changea de langage en voyant leurs œuvres. « Al-
lons, mes princes, s'écria-t-il, aux armes ; frappez, percez,
tuez ces rebelles, en face et par derrière, sans miséricorde,
comme chiens enragés. » Une bande de ces malheureux
tomba sous les coups des princes près de Saverne, et une
autre à Frankenhausen, en Thuringe. Munzer, le chef des

Guerre des paysans.

paysans et des mineurs, fut arrêté et conduit au supplice. Pour prévenir le retour de pareils brigandages, les catholiques se liguèrent à Dessau, et les protestants à Torgau.

Diète de Spire. Alors Charles-Quint, débarrassé de la guerre avec la France, voulut imposer la paix aux deux partis. Il décréta, *Les protestants.* dans la diète de Spire (1529), qu'on devait tolérer le luthéranisme partout où il était établi. Mais les hérétiques, voulant avoir encore la liberté de propager leurs erreurs, protestèrent contre cet édit : de là leur nom de *protestants.*

L'empereur, désirant pourtant pacifier l'Allemagne, convoqua une seconde diète à Augsbourg (1530). Là, les luthériens formulèrent, par l'organe de Mélanchthon, *La Confession d'Augbourg, 1530.* leur symbole dit *Confession d'Augsbourg.* Ils reconnaissaient les quatre premiers conciles œcuméniques, le baptême, la présence réelle, mais ils rejetaient la transsubstantiation, le célibat des prêtres, la confession auriculaire, les vœux, etc. Néanmoins Luther trouvait encore son disciple trop conciliant, et protestait énergiquement contre ces concessions. Charles-Quint, voyant que l'accord *Ligue de Smalkalde.* entre les partis était impossible, décréta le rétablissement pur et simple du catholicisme. Aussitôt les protestants se liguèrent à Smalkalde, et la guerre allait éclater, lorsque *Paix de Nuremberg 1532.* l'apparition des Turcs amena, malgré Luther, une réconciliation à la diète de Nuremberg (1532).

Les anabaptistes. Pendant ce temps-là, l'Allemagne occidentale était en proie aux ravages des *anabaptistes,* qui proclamaient la nécessité d'un second baptême et demandaient la communauté des biens. Dirigés, après la mort de Munzer, par le *Jean Mathias.* boulanger Jean Mathias, ils chassèrent de Munster l'évêque François de Waldeck et exercèrent dans cette ville les plus affreuses cruautés. Jean Mathias ayant été tué dans *Jean de Leyde à Munster.* une sortie contre l'évêque, Jean de Leyde devint roi de la *nouvelle Sion,* et y établit la communauté des biens et même la polygamie. Mais sa royauté fut bien éphémère ; quelques mois plus tard, la ville fut reprise par François de Waldeck, et Jean de Leyde expira dans les plus affreux supplices, sur la place même où il avait dressé son trône.

Mort de Luther, 1546. Luther ne mourut qu'en 1546 ; il vit donc les maux que ses erreurs avaient attirés sur l'Allemagne ; pour un autre homme que lui, un tel spectacle eût été un cruel châtiment.

Les vaines tentatives faites à Ratisbonne et à Spire pour procurer la paix, et le refus des protestants de prendre part au concile de Trente, ouvert depuis 1545, montraient que l'accord entre les catholiques et les protestants ne pouvait se faire que par les armes : donc la guerre commença. Charles-Quint, ayant attiré dans son parti le prince Maurice de Saxe et le margrave de Brandebourg, battit les confédérés de Smalkalde à Muhlberg (1547), puis dépouilla l'électeur de Saxe, donna ses Etats à son frère Maurice, jeta Philippe de Hesse en prison, et, par l'*intérim d'Augsbourg* (1548), qui reconnaissait le mariage des prêtres, concédait la communion sous les deux espèces, etc., voulut imposer une règle de foi aux deux partis. Cette impériale intervention dans une question religieuse ne plut à personne.

Peu après, Maurice de Saxe trahit Charles-Quint et s'allia secrètement contre lui avec Henri II. Ayant pris les armes, il força l'empereur à s'enfuir d'Inspruck, et imposa à son frère Ferdinand la transaction ou *convention de Passau*, qui donnait la liberté aux princes captifs et reconnaissait le protestantisme (1552).

Paix d'Augsbourg. — En 1555, l'archiduc Ferdinand réunit une diète à Augsbourg, où fut reconnue l'existence légale du protestantisme. Les luthériens obtenaient le libre exercice de leur culte, le droit de siéger à la chambre impériale et la possession de tous les bénéfices qu'ils avaient sécularisés avant la transaction de Passau. Mais l'article 7 de la paix d'Augsbourg, intitulé *réservat ecclésiastique*, leur défendait de faire de nouvelles sécularisations. La violation de cet article amènera la sanglante guerre de Trente ans.

La réforme dans les Etats scandinaves. — Christian II, roi de Danemark, ayant voulu rétablir son autorité sur la Suède, indépendante depuis la rupture de l'union de Calmar (1448), ne reculait pas, pour subjuguer ce pays, devant les actes de la plus atroce barbarie. Ses cruautés, qui lui méritèrent le surnom de *Néron du Nord*, provoquèrent une insurrection générale, dont profita Gustave Wasa.

Ce jeune héritier des anciens rois de Suède, que le tyran détenait prisonnier, ayant réussi à s'évader, apparut tout à coup au milieu des paysans de la Dalécarlie, les séduisit par sa jeunesse, son courage et sa beauté, les rangea sous ses ordres, expulsa les Danois de la Suède avec leur concours, et entra dans Stockholm, où il fut couronné roi.

En Suède, le clergé était riche et puissant, Gustave convoita ses biens, et, pour se les approprier, il introduisit la réforme dans son royaume. Deux frères, Olaüs et Laurent Petri, disciples de Luther, nommés, l'un secrétaire d'Etat, et l'autre professeur à l'université d'Upsal, secondèrent ses desseins. Bientôt, en vertu de décrets royaux, les monastères furent fermés, les dîmes et les revenus ecclésiastiques attribués au roi, les prêtres traînés au supplice, et les cérémonies religieuses publiquement tournées en ridicule. En 1527, les états généraux, réunis à Westeras, décrétèrent la sécularisation des biens ecclésiastiques et la séparation de l'Eglise romaine. Gustave Wasa se chargea lui-même de faire exécuter ces décrets avec une armée de quatorze mille hommes. En 1529, le concile d'Œrebro fixa le dogme et la liturgie, qui différèrent peu de ceux de la confession d'Augsbourg.

Frédéric Ier, duc de Holstein, ayant détrôné le cruel Christian II, introduisit la réforme en Danemark, espérant, à l'aide de la religion nouvelle, s'affermir plus solidement sur le trône (1525). Il prit donc pour chapelain Jean Tausen, disciple de Luther, décréta, dans la diète d'Odensee, la liberté de conscience, et reconnut, dans celle de Copenhague (1530), la confession de foi que lui présentèrent les protestants de Danemark. Six ans après, Christian III, son successeur, décréta la confiscation des biens ecclésiastiques au profit de l'Etat, et rédigea un formulaire de foi qui fut violemment imposé au Danemark, à la Norwège et à l'Islande.

La réforme en Suisse, Zwingle (1484-1531). —

Zwingle et Calvin (1509-1564) prêchèrent la réforme en Suisse. Zwingle, né près de Saint-Gall, devint successivement curé de Glaris, d'Einsiedeln et de Zurich. Vers 1516, quand il entendit Bernard Samson prêcher les indulgences, il formula sa doctrine, qu'il présenta comme l'expression exacte de l'Evangile. Cette religion *évangélique* condamnait la messe, le célibat, la confession, rejetait le purgatoire, le jeûne, les abstinences et l'autorité du pape. Carlostadt et Œcolampade en furent, avec Zwingle, les plus fervents apôtres. Ces hérétiques, appelés *zwingliens* ou *sacramentaires*, infestèrent facilement de leurs erreurs les cantons de Zurich, de Berne, de Schaffhouse et de Bâle, en livrant à la convoitise des seigneurs et du peuple les richesses des églises. Mais les habitants des cantons d'Uri, de Schwitz, d'Unterwalden, de Fribourg et du Valais, demeurèrent fidèles à l'antique foi de leurs pères, et, pour empêcher l'erreur de pénétrer dans leurs vallées, formèrent une confédération particulière (1528). Alors les Zurichois, conduits par Zwingle, coururent aux armes. Vaincus à Cappel (1531) et privés de leur chef, resté sur le champ de bataille, les hérétiques furent obligés d'accepter la paix. Cette victoire arrêta pour toujours le progrès de l'hérésie en Suisse.

Calvin à Genève. — Jean Cauvin ou Calvin naquit à Noyon, vers 1509. Après avoir fait de fortes études à Paris, grâce aux secours des Mommor, il obtint la cure de Pont-l'Evêque et alla suivre les leçons d'Alciat et de Melchior Wolmar à Bourges, où il ne laissa parmi ses condisciples que de tristes souvenirs. De Bourges, Calvin revint à Paris et commença à prêcher ses erreurs. Connu comme savant par son commentaire du traité de Sénèque *de Clementia*, et comme hérétique par le discours qu'il composa pour Nicolas Cop, recteur de la Sorbonne, il fut forcé de sortir de Paris (1532). Depuis lors il vécut quelque temps à Nérac, auprès de Marguerite de Navarre; ensuite, en passant par Bâle, qui vit apparaître son livre de l'*Institution chrétienne*, dédié à François Iᵉʳ, il se rendit à Ferrare, où Renée de France lui fit bon accueil, et vint de là à Genève (1534).

Situation de Genève.

Alors l'anarchie régnait dans cette cité. Les *huguenots* (confédérés par serment) ou libertins, avec l'aide de Berne et de Fribourg, avaient chassé de la ville l'évêque Pierre de la Baume, vainement soutenu par le duc de Savoie, et établi une espèce de gouvernement républicain sous la direction d'un *conseil.* Par haine pour l'ancien régime, les huguenots avaient même proscrit la religion catholique, et ils avaient invité Guillaume Farel à leur rédiger une confession de foi. Mais ils trouvaient déjà le joug de cet hérétique ardent et irascible plus lourd que celui de l'évêque; peut-être allaient-ils le renverser, quand arriva l'hérésiarque français.

Premier séjour de Calvin à Genève.

Farel et Viret, son pacifique et mielleux collaborateur, retinrent avec eux l'austère et farouche Calvin, et tous trois ils s'entendirent pour établir leur tyrannie sur Genève. Cependant le formulaire de foi qu'ils imposèrent à cette ville portait spécialement l'empreinte du sombre génie de Calvin. Ce formulaire était, comme le Coran, un

Le formulaire de foi.

code politique et religieux : l'Etat se confondait avec l'Eglise. C'était, en effet, le *conseil* qui fixait l'heure des sermons et obligeait les Genevois à y assister sous peine d'amende ; c'était le *conseil* qui censurait les livres, punissait les blasphémateurs, condamnait au pilori les joueurs de cartes, à la détention ou à l'exil les détenteurs d'images, et jetait en prison les dames qui tressaient leurs cheveux avec coquetterie. Calvin avait eu bien raison d'écrire en tête de son *Institution :* « Je viens apporter le glaive et non la paix. » Mais cette tyrannie devint insupportable, et le conseil, lassé de condamner les Genevois, chassa les réformateurs.

Doctrine de Calvin.

La doctrine de Calvin valait ses œuvres. L'hérésiarque, ainsi que le montre son *Institution chrétienne,* niait l'existence de la liberté humaine, affirmait la justification par la foi sans les œuvres, rejetait la présence réelle, l'invocation des saints, le purgatoire, le célibat etc.

Deuxième séjour de Calvin à Genève.

Après avoir vécu quelque temps à Strasbourg et assisté sans éclat aux diètes de Haguenau et de Worms, Calvin rentra à Genève avec Idelette de Bures, qu'il avait rencontrée dans ses voyages et prise pour épouse. La malheureuse cité genevoise, déchirée par les disciples des hérésiarques, avait eu le courage de rappeler son ancien tyran ; elle porta la peine de sa faute, car pendant vingt ans elle gémit sous le joug de Calvin. Le métier de délateur fut ennobli et tous les délinquants furent recherchés et châtiés. Les plus petits délits étaient punis de la prison ou de l'exil ; les jeux, les danses, les spectacles, étaient prohibés sous les peines les plus sévères. Quiconque, comme Gruet, manquait de respect envers Calvin ou sa doctrine, était envoyé au supplice ; il fallait penser comme Calvin, ou bien on était brûlé vif ; témoin l'exécution de Michel Servet. Telle fut la liberté religieuse apportée par le protestantisme.

Tyrannie de l'hérésiarque.

L'hérésiarque alors organisa définitivement son Eglise. Il remplaça le corps épiscopal, chargé de veiller à l'intégrité du dogme, par un *consistoire* composé de six pasteurs et de dix anciens. Les *pasteurs*, élus par le peuple, confèrent le baptême, présentent le pain à la cène, les *anciens* veillent sur les mœurs de la commune, les *docteurs* enseignent les Ecritures, les *diacres* soignent les malades et les pauvres. Dans ce système, le principe de l'unité, le pape, manque ; l'élément spiritualiste est absorbé par l'élément politique.

Organisation de l'Eglise calviniste.

Malgré ces formes républicaines, Calvin, maître du consistoire et bien servi par le conseil, sut exercer une véritable dictature à Genève.

XVIIe LEÇON

ANGLETERRE. — HENRI VIII. — ÉLISABETH ET MARIE STUART.

Henri VIII (1509-1547). — Henri VIII, marié depuis dix-huit ans avec Catherine d'Aragon, veuve de son frère, conçut, à la vue d'Anne de Boleyn, des doutes sur la validité de son mariage et demanda le divorce. Mais,

Divorce de Henri VIII, 1533.

pressé par sa passion et lassé du retard que le cardinal Wolsey et le pape Clément VII apportaient à la conclusion de cette affaire, il disgracia son ministre, qui mourut de chagrin, obtint de Cranmer, le nouvel archevêque de Cantorbéry, une sentence de divorce, rejeta l'appel de Catherine d'Aragon en cour de Rome, épousa Anne de Boleyn, et répondit à l'excommunication du pape (1533) en se faisant déclarer, par son parlement, *chef suprême de l'Eglise anglicane.* Fisher, évêque de Rochester, et le chancelier Thomas Morus ne voulurent pas reconnaître la *suprématie* du monarque ; ils furent décapités. La mort était la peine infligée à tous les récalcitrants : **72,000** condamnations furent portées en douze ans.

Le cruel tyran n'épargnait personne. En 1536, il envoya à l'échafaud Anne de Boleyn elle-même, dont il avait eu une fille, Elisabeth, et le lendemain il épousa Jeanne Seymour. Celle-ci mourut en donnant le jour à Edouard VI, et Henri VIII ayant vu le portrait d'Anne de Clèves, fait par Holbein, demanda la main de cette princesse. Il fut encore bientôt lassé d'Anne ; il la renvoya,

(notes marginales : Schisme de l'Angleterre. — Cruautés. — Mariages de Henri VIII.)

MAISON DES TUDORS.

Henri VII (1485-1509).

Arthur, ✝ 1502, épouse Catherine d'Aragon.	*Henri VIII* (1509-1547) épouse			Marguerite épouse Jacques IV, roi d'Ecosse.	Marie, veuve de Louis XII, épouse Ch. de Suffolk.
	1° Catherine d'Aragon, veuve de son frère	2° Anne de Boleyn.	3° Jeanne Seymour, etc.		
	Marie Tudor (1553-1558), qui épouse Philippe II, roi d'Espagne.	*Elisabeth* (1558-1603).	*Edouard VI* (1547-53).		Françoise ép. H. Grey.
					Jeanne Grey, ✝ 1554.

Jacques V, ✝ 1542, ép. Marie de Lorraine.	Marguerite épouse Marie Stuart.

Marie Stuart ép. H. Darnley.

Jacques VI d'Ecosse, qui devient en 1603 roi d'Angleterre sous le nom de Jacques Ier.

sous prétexte qu'elle n'était pas conforme à son portrait, pour épouser Catherine Howard. Enfin, après avoir encore envoyé celle-ci à l'échafaud, il se maria à Catherine Parr.

Ces mariages avaient mis le roi débauché dans un grand besoin d'argent. Pour s'en procurer il dépouilla les abbayes, descendit dans les tombeaux de la vieille Angleterre, jeta au vent les cendres des saints et s'appropria leurs riches reliquaires. Il fit même le procès du martyr Thomas Becket et le priva de son titre de saint.

Par le bill des *six articles*, nommé *statut de sang*, Henri VIII régla la croyance de ses sujets.

Dans ce bill il était déclaré : « 1° que dans l'eucharistie est véritablement présent le corps de Jésus-Christ sous la forme et non la substance du pain et du vin ; 2° que la communion sous les deux espèces n'est pas nécessaire *ad salutem ;* 3° que la loi de Dieu défend aux prêtres de se marier ; 4° que les vœux de chasteté doivent être observés ; 5° que l'on doit conserver les messes particulières ; 6° que la coutume de la confession auriculaire est utile et même nécessaire [1]. » Quiconque prêchait contre ces articles ou les violait était condamné à la prison, à la perte de ses biens, et le plus souvent à la mort.

Le parlement, dégénéré, sanctionna tous les caprices du monarque. Henri VIII mourut en 1547, laissant la couronne à Edouard VI.

Elisabeth et Marie Stuart. — Comme Edouard VI n'avait que dix ans en 1547, le duc de Somerset, protecteur du royaume, et Thomas Cranmer purent modifier à leur gré la croyance imposée par Henri VIII. Ils abolirent le bill des six articles et introduisirent en Angleterre les erreurs de Luther En 1549, l'ambitieux John Dudley, comte de Warwick, supplanta Somerset, qui fut envoyé à l'échafaud, et, dans des vues d'intérêt personnel, travailla à affermir la réforme en Angleterre. Il décida même Edouard VI mourant à exclure du trône sa sœur,

[1] LINGARD, *Histoire d'Angleterre.*

la catholique Marie Tudor, au profit de Jeanne Grey, qu'il avait mariée à son fils Guilford. Mais Marie Tudor soutint ses droits par les armes, s'empara de Warwick, de Guilford et de Jeanne Grey, et les envoya à l'échafaud. La jeune et modeste Jeanne Grey, qui n'avait accepté la couronne qu'en pleurant et ne pensait qu'à la poésie, méritait un meilleur sort.

Marie Tudor épousa Philippe II, exila momentanément Elisabeth, fit abolir par le parlement les lois sanguinaires portées contre les catholiques, rétablit l'ancienne religion et sévit avec rigueur contre les rebelles politiques ou religieux. Cranmer, l'auteur de la mort de tant de catholiques, fut justement exécuté. Marie mourut en apprenant la prise de Calais : elle laissait le trône à sa sœur Elisabeth, qui lui avait promis de rester fidèle à la foi orthodoxe.

L'hypocrite Elisabeth, à peine assise sur le trône, s'entoura de ministres protestants, abolit les bills favorables au catholicisme, se fit donner par le parlement le titre de *gouvernante suprême de l'Eglise anglicane*, que le clergé inférieur s'empressa de lui reconnaître, et fixa, par le bill des trente-neuf articles, l'organisation de l'*Eglise épiscopale*. De par la volonté d'une femme impudique, tous les Anglais, les puritains comme les catholiques, devaient, sous peine d'amende, de prison, de mort même, embrasser la doctrine calviniste et reconnaître l'autorité des évêques et des curés que la *papesse*, ou *gouvernante suprême de l'Eglise*, leur imposait « Les descriptions des supplices usités alors en Angleterre n'ont rien qui leur soit comparable dans l'histoire de l'inquisition espagnole. Les bourreaux et la prison étaient les arguments de la nouvelle croyance. Le fait de célébrer une messe était puni d'une amende de deux cents marcs (10,878 fr.) et d'une année d'emprisonnement ; il en coûtait cent marcs et une année de prison pour l'avoir entendue, et vingt livres sterling si l'on avait manqué pendant un mois de suivre la chapelle anglicane. Ce dogme, que « la reine était le chef de l'Eglise, et son devoir d'extirper l'erreur, d'exclure du bercail du Christ les hérétiques pour qu'ils ne corrompissent pas les autres, » fit porter jusqu'à cinquante mille personnes sur les listes des suspects. On fouillait les maisons et les individus pour découvrir les livres et les calices ; on outrageait la pudeur, et la torture était prodiguée. La chambre étoilée, bien plus rigide que l'Index de Rome, veillait attentivement sur la presse. Il ne pouvait être établi d'imprimerie hors de Londres, à l'exception d'une à Cambridge et d'une autre à Oxford ; rien ne pouvait être imprimé sans l'assentiment du conseil ; les officiers de la couronne pouvaient saisir les ouvrages dans l'atelier et briser les presses [1]. »

L'Inquisition et l'Index de l'Angleterre.

Mais la plus illustre victime de la réforme anglicane fut la catholique Marie Stuart, reine d'Ecosse.

Marie Stuart, 1542-1587.

Marie Stuart, fille de Jacques V et de Marie de Lorraine, passa ses premières années à la cour des Valois. Après la mort de son époux François II (1560), répondant à l'appel des Ecossais, elle dit tristement adieu « au plaisant pays de France, » et s'embarqua pour aller s'asseoir sur le trône de ses pères. Cette jeune reine, remarquable par sa douceur et sa beauté, aimée du peuple écossais, fut bientôt en butte aux attaques de la jalouse Elisabeth, de Jean Knox et de Buchanan, calvinistes fanatiques, qui, pour établir le presbytérianisme en Ecosse, avaient couvert cette terre de sang et de ruines. Ne trouvant pas dans son cousin Henri Darnley, qu'elle avait épousé, un guide sûr et éclairé dans les affaires du gouvernement, Marie donna sa confiance à l'Italien Rizzio. Darnley, froissé, prêta l'oreille aux calomnies que lui répétaient Knox et Buchanan, et fit assassiner le confident de la reine. Marie Stuart manifesta son mécontentement à son époux pour une pareille conduite, mais elle ne cessa point de lui donner les marques de la plus vive affection.

Jean Knox et Buchanan.

Mariage de Marie avec Henri Darnley.

Meurtre de Rizzio.

A cet événement s'en joignirent d'autres qui perdirent la malheureuse reine. Ses deux ministres, Bothwell et Murray, firent sauter la maison où reposait Darnley malade ; ils arrêtèrent ensuite les enquêtes commencées pour connaître les auteurs de ce crime, et même Bothwell obligea Marie Stuart à lui donner sa main. Alors Murray, fils naturel de Jacques V, qui convoitait le trône, et agent

Meurtre de Darnley.

Bothwell et Murray.

---

[1] CANTU, *Histoire universelle*, t. XV, p. 264.

secret d'Elisabeth, dévoila les forfaits de son complice et accusa Marie d'y avoir pris part. Ces calomnies, répétées par Knox et Buchanan, trouvèrent écho parmi les fanatiques presbytériens, qui prirent les armes contre Bothwell et la reine. Bothwell se retira bientôt sur les côtes de Norwège, en déclarant Marie innocente de tous les crimes qu'on lui attribuait, et la reine, après avoir été enfermée à Lochleven, d'où elle ne s'était échappée que pour subir une défaite à Langside, s'enfuit en Angleterre, auprès de sa *bonne sœur*, la perfide Elisabeth.

La reine d'Angleterre, au comble de la joie en voyant le succès de toutes ses intrigues, ne voulut point souiller son regard par la vue d'une femme comme Marie Stuart, et elle la fit jeter au fond d'une prison. Malheur à qui plaignait l'infortunée reine d'Ecosse. C'était un crime que d'avoir de la sympathie pour l'innocence et le malheur. Néanmoins plusieurs complots furent formés pour délivrer la royale captive, mais tous échouèrent, et plusieurs seigneurs anglais, comme Babington et ses compagnons, trahis par de perfides amis, périrent victimes de leur générosité.

Enfin, en 1587, après un jugement dérisoire, la sanguinaire Elisabeth fit décapiter la reine d'Ecosse à Fotheringay. Jacques VI n'avait rien fait pour délivrer sa mère, il ne fit rien encore pour la venger. Philippe II, le représentant armé de la cause catholique, lança vainement l'*invincible Armada* contre l'Angleterre; la tempête ruina cette flotte.

Elisabeth offre le plus parfait exemple du crime heureux. Partout elle attaqua le catholicisme et soutint le protestantisme, en face de Philippe II dans les Pays-Bas, en France, en Ecosse, en Amérique, etc., et partout ses efforts obtinrent du succès.

Sous son règne, la navigation prit un vaste essor. Hudson, Forbisher, Cavendish, Drake, Davis, Walter Raleigh, explorèrent le littoral de l'Amérique du Nord, l'Océanie, et y jetèrent les fondements de la puissance coloniale de l'Angleterre, pendant que Hawkins fondait des comptoirs sur les côtes de Guinée.

Le commerce, alimenté dès cette époque par l'industrie

métallurgique et la fabrication des étoffes de laine, et favorisé par l'établissement de chantiers de construction, par la création de la Compagnie des Indes (1600) et de la *Bourse de Londres*, alors appelée *Royal Exchange*, acquit aussi un grand développement. Commerce et industrie.

Des savants, comme le philosophe Bacon, qui contribua à faire adopter la méthode expérimentale dans l'étude des sciences ; des poètes dramatiques, comme Shakespeare, ajoutèrent encore à la gloire du règne d'Elisabeth. Lettres.

L'éclat de cette prospérité matérielle enivra les Anglais, ils ne virent point les vices et les cruautés de la « belle Vestale assise sur le trône d'Occident, » ils ne sentirent même point sa tyrannie, tant leur enivrement était complet : ils abdiquèrent entre ses mains leurs droits et même leur dignité. Elisabeth, en effet, convoquait et cassait le parlement à son gré, elle nommait et destituait les magistrats suivant son bon plaisir, elle ne souffrait aucune observation sur son gouvernement, elle se croyait infaillible. « Peut-être, dit Raynal, n'a-t-il manqué aux Anglais que trois Elisabeth pour être les derniers des esclaves. » Cette reine mourut en 1603, et comme elle ne laissait point d'enfants, le roi d'Ecosse Jacques VI, qui par les femmes descendait de Henri VII, fut appelé à porter la couronne d'Angleterre. Despotisme d'Elisabeth.

XVIIIe LEÇON

LE CONCILE DE TRENTE. — LA SOCIÉTÉ DE JÉSUS. — GUERRES RELIGIEUSES. — PHILIPPE II ; SON ROLE EN EUROPE. — AFFRANCHISSEMENT DES PROVINCES-UNIES. — GUILLAUME LE TACITURNE.

Le concile de Trente (1545-1563). — Les protestants d'Allemagne, condamnés par le pape, en avaient appelé au futur concile ; or, dès que les circonstances le permirent, Paul III invita tous les évêques de la chrétienté à se réunir à Mantoue pour le mois de mai de l'année 1537 ; mais les guerres de François Ier et de Charles-Quint firent ajourner l'ouverture du concile jusqu'à l'année 1545. Alors on vit donc réunis à Trente, sous la présidence des légats de Paul III, des prélats et des docteurs de toutes les parties du monde chrétien. Deux fois le concile fût obligé d'interrompre ses sessions : d'abord par la peste (1547-1550), ensuite par l'arrivée de Maurice de Saxe dans le Tyrol (1552-1560). Il ne se termina qu'en 1563, après avoir tenu vingt-cinq sessions et porté vingt-sept canons. Malgré la facilité donnée aux protestants pour se rendre au concile par le choix de la ville de Trente, située sur les confins de l'Allemagne, ils n'y parurent point.

Il ne s'agissait pas seulement pour l'assemblée de condamner le luthéranisme et le calvinisme et de réformer les abus, elle devait surtout réfuter toutes les erreurs que les hérésiarques et leurs disciples avaient enseignées ; elle devait définir et affirmer de nouveau les dogmes de l'Eglise romaine et montrer aux peuples sur quelles bases solides ils reposent. Or, cet important travail fut accompli dans des conférences préliminaires, où l'on remarque l'érudition profonde et la sagacité pénétrante des théologiens de Trente. Ensuite le concile rendit des décrets ou canons sur l'Ecriture sainte, la tradition, le péché originel, la justification, l'eucharistie, la pénitence, le purgatoire, les bonnes œuvres, le culte des saints, les indulgences, l'ordre et le mariage.

Les décrets disciplinaires tendant à réformer les abus portent sur la juridiction ecclésiastique, les bénéfices et la résidence ; sur l'éducation des clercs, la chancellerie romaine ; sur les cardinaux, les chanoines, les moines et l'impression des livres traitant de matières religieuses. Peu après fut formé l'*Index*, ou catalogue des livres prohibés. Cette vraie réforme opérée pacifiquement à Trente porta partout ses fruits. La France et l'Allemagne, il est vrai, n'acceptèrent point tous les décrets du concile. Dans ces Etats néanmoins, et principalement en France, surgirent, comme en Italie et en Espagne, sous le souffle fécond et vivifiant de l'Eglise romaine, de saints personnages qui créèrent de nouvelles phalanges d'apôtres pour combattre l'erreur, enseigner la jeunesse, soigner les malades, renouveler l'esprit de foi et mettre ce principe vital en circulation dans tous les membres de la société catholique.

La société de Jésus (1534). — De toutes les associations religieuses qui furent établies après le concile de Trente : théatins, capucins, barnabites, oratoriens, ursulines, carmélites, visitandines, sœurs de la Charité de Saint-Vincent de Paul, la plus célèbre est celle des jésuites, fondée par l'Espagnol Ignace de Loyola. Ignace, né en 1494, en Biscaye, embrassa de bonne heure la carrière des armes. Il était brave soldat, mais il s'abandonnait à tous les entraînements de la jeunesse. Blessé au siège de Pampelune (1521), il se convertit en lisant sur son lit de douleur la *Vie des saints* et l'*Imitation de Jésus-Christ*. Ayant recouvré la santé, il suspendit son épée devant l'autel de la Vierge au monastère de Mont-Serrat, s'en alla vivre en ermite dans la grotte de Manrèze, à quarante-sept kilomètres de Barcelone, où il composa ses *Exercices spirituels*, fit ensuite le pèlerinage de terre sainte, et vint étudier à Paris. C'est ici qu'il jeta les fondements de son institut.

« En 1534, dit un Père de cette compagnie, Ignace de Loyola, âgé de quarante-trois ans, réunissait dans une chapelle de Montmartre six compagnons qu'il s'était choisis au collège Sainte-Barbe : le Savoyard Pierre Lefèvre, les Espagnols François-Xavier, Lainez, Salmeron et Bobadilla, et le Portugais Rodriguez ; il y fonda la compagnie ou société de Jésus, dont les statuts furent approuvés, en 1540, par le pape Paul III. Aux trois vœux de pauvreté, de chasteté et d'obéissance, ils ajoutèrent celui d'obéissance absolue au souverain pontife. Quelques années plus tard, les membres de la compagnie, connus sous le nom de *jésuites*, donnaient le premier élan aux missions étrangères avec saint François-Xavier, et se trouvaient partout en face de l'hérésie pour la combattre par la plume, la parole et les autres œuvres apostoliques. » Les jésuites, organisés en nations subdivisées en provinces, sont gouvernés par un supérieur général qui réside à Rome.

Guerres religieuses ; Philippe II (1556-1598), son rôle en Europe.

— En présence d'ennemis armés pour la dépouiller de ses biens, l'Eglise avait aussi besoin d'une épée ; le vainqueur de Saint-Quentin mit la sienne à son service. Personne d'ailleurs, mieux que Philippe II,

ne pouvait prendre le rôle de défenseur du catholicisme : il était souverain de la catholique Espagne, de plusieurs Etats de l'Italie, des Pays-Bas et de la plus grande partie du nouveau monde ; il avait des troupes aguerries et des généraux expérimentés. Malheureusement, ce prince intelligent, sincèrement religieux, doué de cette énergie et de cette opiniâtreté inébranlables que donnent des convictions ardentes, confondit trop souvent ses vues ambitieuses avec les intérêts de la noble cause qu'il défendait.

Tout le rôle de Philippe II se résuma : 1° à établir dans la péninsule hispanique l'unité religieuse, territoriale et

administrative, que Ferdinand le Catholique n'avait obtenue qu'imparfaitement ; 2° à maintenir au dehors la prépondérance de l'Espagne et du catholicisme.

Pour obtenir l'unité religieuse, Philippe II décréta les peines les plus sévères contre les protestants, qui cherchaient à pénétrer en Espagne ; il ordonna aux Maures, chrétiens de nom seulement, de renoncer à leur langue et à leurs usages, et, sur leur refus, qu'ils appuyèrent par les armes, chargea son frère, don Juan d'Autriche, de les soumettre. Don Juan massacra une partie des insurgés et réduisit l'autre en esclavage.

Le Portugal était encore indépendant ; or, à la mort de Sébastien, le dernier descendant mâle de la maison d'Avis, Philippe II, petit-fils par sa mère d'Emmanuel le Fortuné, revendiqua ce royaume et triompha de son compétiteur, Antoine de Crato, à la bataille navale des Açores. Le Portugal et ses colonies passèrent alors sous la domination de l'Espagne (1582). Ces pays furent traités en pays conquis ; plus de deux mille moines périrent, dit-on, victimes de leur patriotisme. *Conquête du Portugal.*

Philippe II ne traita pas plus libéralement ses propres sujets que les peuples vaincus. Il exclut des Cortès les nobles et les prélats, et n'y admit que les députés plus soumis des villes et des bourgs. Le grand Justiza d'Aragon fut privé de son pouvoir. Philippe II n'épargna pas même son fils, don Carlos. Ce prince, bizarre, il est vrai, voulut regimber contre l'absolutisme paternel et soutenir les Pays-Bas révoltés. Il fut arrêté et jugé, mais il mourut avant d'entendre la sentence qui devait le déshériter du trône. *Etablissement de l'unité administrative.*

Au dehors, Philippe II lutta avec ardeur contre les ennemis des chrétiens et des catholiques, le sultan de Constantinople et Elisabeth d'Angleterre ; de plus, il chercha à donner le trône de France à sa fille Isabelle. *2e Rôle de Philippe II au dehors.*

Les Turcs, maîtres de Rhodes, de Chypre, de Tripoli et d'Alger, menaçaient Malte et Venise. Si ces deux boulevards de la chrétienté venaient à tomber entre les mains des Turcs, Rome et toute l'Italie devenaient la proie de ces barbares. Philippe II sentait déjà mieux que tout autre les inconvénients du voisinage des Turcs. Aussi, à la prière de Pie V, arma-t-il une flotte considérable, qui, secondée de celle des Vénitiens, remporta, sous les ordres de don Juan d'Autriche, la fameuse victoire de Lépante (1572). *Lutte contre les Turcs.* *Victoire de Lépante, 1572.*

Philippe II ne fut pas aussi heureux dans ses tentatives pour rétablir le catholicisme en Suède et en Angleterre.

Après la mort de la reine Marie Tudor, son épouse, Philippe II demanda la main d'Elisabeth, mais il n'obtint qu'un refus. Aussitôt commença la rivalité d'Elisabeth et de Philippe, qui n'éclata cependant qu'après la mort de Marie Stuart. Jusqu'alors (1587), les deux souverains ne s'étaient fait qu'une guerre indirecte. Philippe II avait soutenu les catholiques d'Angleterre et d'Irlande, et Elisabeth, de son côté, avait appuyé les Maures, les calvinistes des Pays-Bas, et excité ses marins, Drake, Cavendish, Forbisher, à capturer les vaisseaux de l'Espagne et à ravager ses colonies. Mais en apprenant la mort de Marie Stuart, le roi d'Espagne équipa cent cinquante vaisseaux, qu'il confia au duc de Médina Sidonia : cette flotte devait chasser de la Manche les vaisseaux d'Elisabeth, prendre dans les Pays-Bas le duc de Parme avec 32,00 hommes de vieilles troupes et les jeter sur le sol anglais Cette *invincible Armada* fut arrêtée dans les eaux de la Manche et dispersée par la tempête. Depuis lors, les côtes d'Espagne elles-mêmes furent souvent ravagées par les corsaires anglais.

Elisabeth et Philippe II se retrouvèrent en présence en France. Ici, Elisabeth soutint le parti huguenot, et Philippe, celui des Guises et de la Ligue ; mais, dans cette guerre, perçait ouvertement l'ambition de Philippe II : il ne voulait rien moins que donner la couronne de France à sa fille Isabelle.

Affranchissement des provinces-unies (1581). — Guillaume le Taciturne.

— Philippe II, voulant administrer les provinces des Pays-Bas avec le même absolutisme que l'Espagne et le Portugal, leur imposa Marguerite de Parme (1559-1567) pour gouvernante, chargea le cardinal Granvelle d'y établir de nouveaux évêchés et l'Inquisition, et remplit les places fortes de soldats espagnols. Alors Guillaume de Nassau, prince d'Orange, surnommé le *Taciturne*, homme intrigant et ambitieux, doué d'un esprit intelligent et actif, d'un caractère sombre et opiniâtre, avec les comtes d'Egmont et de Horn, appela les habitants des Pays-Bas à la révolte.

Vainement Philippe II rappela Granvelle et les troupes

espagnoles, les rebelles s'unirent ensemble par le compromis de Bréda (1566), se firent du calvinisme et du nom de *gueux*, qu'on leur avait donné, un drapeau et un cri de ralliement, et saccagèrent la cathédrale d'Anvers et plus de quatre cents églises. A la nouvelle de ces actes de brigandage, Philippe II résolut de donner « un exemple capable de faire tinter pendant plusieurs siècles les oreilles de la chrétienté. » Il tint parole.

Le duc d'Albe, nommé gouverneur des Pays-Bas (1567-1573), y conduisit avec lui une armée de 15,000 hommes et créa le conseil des *troubles*. Ce *tribunal de sang* condamna à mort Horn, d'Egmont et bon nombre de leurs partisans ; il dépouilla et proscrivit les autres : mais la prise de Briel, dans l'île de Voorn, par les *gueux de la mer*, rendit l'espoir aux calvinistes ; la Zélande, la Hollande, la Frise et Utrecht se déclarèrent même en leur faveur et proclamèrent *stathouder* Guillaume de Nassau, qui, revenu d'Allemagne, où il s'était enfui à l'arrivée du duc d'Albe, « provoqua, étendit, organisa de tous côtés la résistance et sollicita les secours de tous les princes étrangers [1]. »

Le duc d'Albe fut alors rappelé et remplacé par Louis de Requesens (1573-1576). Celui-ci essaya inutilement tour à tour de la douceur et de la force pour ramener le calme dans le pays. A sa mort, les brigandages des soldats espagnols, laissés sans solde, déterminèrent les dix provinces du sud à s'unir avec les sept provinces du nord contre le pouvoir de Philippe II : c'est ce qu'on appelle la *pacification de Gand* (1576).

Le vainqueur de Lépante ne fut pas plus heureux que ses prédécesseurs dans le gouvernement des Pays-Bas (1576-1578) ; malgré sa victoire de Gembloux, il les laissa comme il les avait trouvés, et mourut encore à la fleur de l'âge, peut-être empoisonné.

Alexandre Farnèse (1579-1592) réussit à ramener les provinces du sud sous l'autorité de l'Espagne. Cette défection alarma les sept provinces du nord, Zélande, Hollande, Frise, Groningue, Over-Yssel, Gueldre et Utrecht,

---

[1] M. L. TODIÈRE, *Précis d'histoire de l'Europe.*

La République
des
sept provinces
unies. 1581.

qui se constituèrent en république à Utrecht (1581). La *République des sept provinces unies* donna le stathoudérat à Guillaume d'Orange. et, après qu'il eut été assassiné par le Comtois Balthazar Gérard, à son fils cadet, Maurice de Nassau (1584) La séparation de ce pays de l'Espagne était dès lors définitivement accomplie ; cependant il ne fut officiellement reconnu comme Etat qu'en 1648.

Les dix provinces belges, après avoir offert la couronne à Mathias, frère de l'empereur Rodolphe, puis au duc d'Anjou, frère du roi de France Henri III, restèrent fidèles à l'Espagne et au catholicisme. Elles furent données en dot à Isabelle.

Mort
de Philippe II.

Philippe II n'avait donc pu exécuter complètement que le premier de ses projets, encore laissait-il en mourant (1598) la péninsule hispanique ruinée, sans commerce, sans agriculture, sans industrie, et avec une dette d'un milliard.

XIXᵉ LEÇON

COMMENCEMENTS DE LA RÉFORME ET GUERRES DE RELIGION EN FRANCE. — CHARLES IX. — LE CHANCELIER DE L'HOPITAL. — LES GUISES. — LES ÉTATS GÉNÉRAUX. — HENRI III ET LA LIGUE.

La réforme
sous
François Iᵉʳ.

La réforme sous François Iᵉʳ et sous Henri II. — En France, les femmes, les étudiants et les princes, tous partisans d'une morale facile et lecteurs assidus des *Colloques d'Erasme*, accueillirent avec joie les doctrines nouvelles. Le conseiller Berquin, traducteur des *Colloques*, Guillaume Farel, Calvin et son disciple Théodore de Bèze, furent les plus fervents apôtres de l'erreur. François Iᵉʳ se montra d'abord l'ennemi des nouveautés ; ainsi, à son instigation, le parlement condamna deux hérétiques au supplice du feu, plusieurs autres, coupables en outre d'avoir mutilé une statue de la sainte Vierge, et Berquin lui-même, à la peine capitale. Mais François Ier, ayant besoin de l'appui des protestants d'Allemagne, rendit en 1535 l'*édit de Coucy*, qui ordonnait la tolérance. Peu après le roi sévit de nouveau contre les hérétiques : sur ses ordres, le parlement d'Aix rendit un arrêt contre les Vaudois ; le baron de la Garde, le président d'Oppède et l'avocat général Guérin, escortés de troupes, dispersèrent ces malheureux, retranchés dans Mérindol et Cabrières (1545).

Henri II fut plus sévère encore que François Ier. Par l'*édit de Châteaubriant* (1551), il interdit aux calvinistes français les relations avec Genève, l'entrée aux tribunaux et aux écoles, les assemblées à la campagne ou *écoles buissonnières*. Par l'*édit d'Ecouen* (1559), il ordonna aux juges de condamner à mort et sans appel tous les hérétiques, et fit arrêter lui-même, au parlement, Dufaure et Anne Dubourg, fauteurs du calvinisme. Mais les hérétiques bravaient ces édits : ils élevaient des temples à Paris et s'en allaient chanter publiquement les psaumes de Marot au Pré-aux-Clercs. Les vices de François Ier et de Henri II, leur alliance avec les luthériens, enlevaient toute autorité à leurs édits.

François II (1559-1560). — Les Guises. — Le fils de Henri II, François II, n'ayant que douze ans lorsqu'il monta sur le trône, abandonna le pouvoir à sa mère, Catherine de Médicis, qui l'exposa à son tour aux convoitises jalouses de trois partis : les Guises, les Bourbons et les Montmorency. Parmi les fils de Claude de Guise on remarquait le duc François, le défenseur de Metz et le vainqueur de Calais ; Charles, cardinal de Lorraine ; Claude, duc d'Aumale ; parmi les Bourbons, Antoine, roi de Navarre ; Louis, prince de Condé ; Charles, cardinal ; et dans la famille de Montmorency, le connétable Anne ; ses neveux, les trois Châtillons : Gaspard de Coligny, Dandelot et Odet de Châtillon, cardinal que ses mœurs jetèrent bientôt dans la réforme. Les Guises, oncles de la jeune reine Marie Stuart, obtinrent la pré-

— 162 —

pondérance à la cour, et alors les Bourbons et les Châtillons, mécontents, s'unirent aux huguenots, que le supplice d'Anne Dubourg avait irrités, et formèrent ensemble la *conjuration d'Amboise* (1560), dans le but de soustraire la cour, alors à Blois, à l'influence des Guises. Depuis cette époque jusqu'à la mort de Henri III, il n'y eut plus que deux partis aussi politiques que religieux : d'un côté les Guises et le peuple français, fermement attaché au catholicisme, et de l'autre les Bourbons et les grands, calvinistes par esprit d'opposition et par intérêt.

La conjuration d'Amboise, qui avait la Renaudie pour chef nominal et Condé pour chef réel, échoua complètement. Le duc de Guise, ayant été averti à temps du complot, obtint le titre de lieutenant général, transféra la cour de Blois à Amboise, où il attira les conjurés : presque tous y perdirent la vie.

Le chancelier de l'Hôpital et Catherine de Médicis. — L'Hôpital, récemment nommé chancelier, prit alors une part active au gouvernement. « C'estoit, dit Brantôme, un autre censeur Caton, celui là, et qui savoit très bien censurer et corriger le monde corrompu. Il en avoit du moins toute l'apparence, avec sa grande barbe blanche, son visage pasle, sa façon grave, qu'on eust dit à le voir que c'estoit un vrai portrait de saint Jérôme. » Mais cet homme, bien intentionné, conciliant et modéré, très versé dans la connaissance des lois et de la littérature ancienne, n'était point celui qu'il fallait à la France dans ces circonstances : en croyant qu'en présence de deux partis armés des ordonnances suffisaient pour empêcher l'effusion du sang, et que l'Eglise catholique pouvait faire des concessions sur des articles de foi, il montra qu'il ne connaissait ni les hommes ni les premiers éléments de sa religion.

En effet, en vain il porta l'*édit de Romorantin* (1560), qui abandonnait les hérétiques aux tribunaux ecclésiastiques et les séditieux aux tribunaux séculiers ; en vain il réunit les notables à Fontainebleau et les états généraux à Orléans, où les Guises firent condamner Condé à mort, toutes ces mesures n'eurent aucun résultat sérieux.

La mort de François II, l'avènement de Charles IX (1560), qui n'avait encore que dix ans, et la régence de Catherine de Médicis, femme sans mœurs et sans principes politiques ni religieux, compliquèrent encore la situation. Comme l'Hôpital, Catherine adopta, pour gouverner, un *système de bascule*, avec cette différence toutefois, qu'au lieu de chercher à concilier les partis, elle les opposa l'un à l'autre et prit toujours la défense du moins puissant : *diviser pour régner*, telle fut sa maxime. Conformément à son système, elle commença par faire relâcher Condé, qui n'avait point encore été exécuté.

Au milieu de l'anarchie, l'Hôpital continua de légiférer. Par l'*ordonnance d'Orléans* (1561), il défendit de poursuivre les hérétiques, il rétablit les élections canoniques, et attribua les fonctions judiciaires à des hommes de robe, à l'exclusion des baillis et des sénéchaux. Par l'*édit de juillet* (1561), il interdit les prêches des huguenots. Ensuite, il convoqua à Pontoise quelques notables à son goût, qui demandèrent la tolérance et la vente des biens du clergé au profit de l'Etat. Voyant que ces moyens n'amenaient point de solution, il convoqua le *colloque de Poissy* (1561), espèce de tournoi théologique dans lequel la mauvaise foi de Bèze fut révélée par le jésuite Lainez avec tant d'évidence que le roi de Navarre, Antoine de Bourbon, père de Henri IV, abandonna le calvinisme. Mais ce fut là tout le fruit du colloque.

L'Hôpital n'avait point encore acquis d'expérience ; il avait besoin de faire des lois contradictoires. Il porta donc alors l'*édit de janvier* (1562), qui permettait aux huguenots le libre exercice de leur culte hors de l'enceinte des villes et leur prescrivait la restitution des biens ecclésiastiques. Cette ordonnance ne satisfit personne.

Les concessions de l'Hôpital avaient inquiété les catholiques, et, pour y mettre obstacle, le duc de Guise, le connétable de Montmorency et le maréchal de Saint-André avaient formé, dès 1561, le *triumvirat*. Or, à la nouvelle de l'édit de janvier, Montmorency et Saint-André invitèrent Guise à se rendre à Paris ; ce fut en marchant vers la capitale que se produisit l'incident célèbre connu sous le nom de *massacre de Vassy* (1562), occasion attendue depuis longtemps par les protestants pour commencer les guerres religieuses.

Guerres religieuses ; Charles IX (1560-1574).

—Après le massacre de Vassy, plusieurs grandes villes tombèrent entre les mains des protestants, mais les catholiques ne tardèrent pas à les leur reprendre. Rouen, où périt Antoine de Bourbon, roi de Navarre, se rendit la première. A Dreux, Condé attaqua le duc de Guise : il fut battu et fait prisonnier, quoiqu'il eût déjà pris Montmorency et tué le maréchal de Saint-André.

Peu importait à Catherine de Médicis à qui demeurait la victoire. « Eh bien, disait-elle en apprenant le succès des protestants, nous prierons en français ; » un moment après, à la nouvelle du triomphe des catholiques, elle faisait chanter un *Te Deum*.

Après la victoire de Dreux, Guise se porta sous les murs d'Orléans, où il fut assassiné par Poltrot de Méré. La mort ou la captivité des chefs amenèrent la pacification d'Amboise, qui reconnaissait aux protestants le droit d'exercer leur culte dans les châteaux et dans une ville par bailliage (1563).

Les *conférences* de Catherine de Médicis, à Bayonne (1565), avec le duc d'Albe, inquiétèrent les calvinistes : à les en croire, le duc aurait dit à Catherine, dans cette entrevue, « que la tête du saumon vaut mieux que celles de dix mille grenouilles, » pour lui faire entendre qu'elle devait se défaire des chefs du parti huguenot. Quoi qu'il en soit, les protestants reprirent les armes et cherchèrent à s'emparer du roi et de la reine, qui revenaient vers Paris. Bien que vaincus à Saint-Denis (1567), où périt le vieux connétable de Montmorency, ils obtinrent la paix de Longjumeau, qui confirmait celle d'Amboise (1568).

Cette *petite paix* ne dura que six mois. L'amiral de Coligny, secondé des Anglais et des Allemands, reprit les armes à l'instigation de Jeanne d'Albret et au nom du jeune Henri de Béarn. Mais le maréchal de Tavannes, lieutenant du duc d'Anjou, frère du roi, remporta sur l'amiral la victoire de Jarnac, où Montesquiou tua d'un coup de pistolet Condé, déjà prisonnier, et peu après celle de Moncontour (1569). Dans cette guerre, Coligny réussit pourtant à remporter un petit succès à Arnay-le-Duc, en Bourgogne. En dépit de leurs défaites, les protestants obtinrent encore des concessions avantageuses au traité de Saint-Germain (1570) : ils étaient admis aux fonctions publiques, et pour places de sûreté ils recevaient la Rochelle, Cognac, Montauban, la Charité-sur-Loire.

Mais cette paix *boiteuse* ou *mal assise* n'était qu'un piège qui se révéla le 24 août 1572, jour de la Saint-Barthélemy. Dans cette journée périrent à Paris, sous les coups des agents de Catherine de Médicis et de Charles IX, Ramus, Coligny, la Force et un grand nombre d'autres protestants. Condé et Henri de Béarn obtinrent grâce de la vie en abjurant l'hérésie. Les jours suivants, les massacres de Paris se reproduisirent dans plusieurs villes du royaume.

En apprenant le crime de Charles IX et de sa mère, l'Hôpital, retiré depuis sa disgrâce dans sa terre de Vignay, mourut de douleur. Parmi ses nombreuses ordonnances, citons celle qui assigna au 1er janvier le commencement de l'année, fixé jusqu'alors au jour de Pâques, et l'*ordonnance de Moulins* (1566), dont les nombreux articles, relatifs à la nomination et à l'examen des magistrats, à leurs privilèges et à leurs droits, etc., contribuèrent à la réformation de la justice.

La Saint-Barthélemy arma de nouveau les huguenots, qui se signalèrent par leur courage au siège de la Rochelle, où ils résistèrent à vingt-neuf assauts. Le départ du duc d'Anjou, appelé par la diète de Pologne à prendre possession du trône de ce royaume, amena la paix.

En 1574, mourut, en proie aux plus affreux remords, Charles IX, complice de Catherine dans le massacre du 24 août.

Les états généraux de 1576 et de 1588 ; Henri III et la Ligue. — A peine Henri, roi de Pologne, eut-il appris la mort de son frère, qu'il s'évada de Varsovie pour venir régner en France. Vienne, Venise, Avignon, qu'il visita en passant, lui firent un magnifique accueil. Assis sur le trône, Henri III abandonna le pouvoir aux factieux, pour se livrer à l'aise à d'infâmes débauches et aux pratiques d'une dévotion ridicule.

Cinquième guerre, 1574-1576.

Son frère, le duc d'Alençon, se mit alors à la tête des *malcontents*, et vit le jeune Condé et le jeune Henri de Béarn quitter la cour pour se ranger sous son drapeau. De son côté, Henri de Guise, fils de François, leva contre ces ennemis du trône et de l'autel l'étendard de la guerre.

Combat de Dormans, 1575.

Le combat de Dormans ou de Château-Thierry, dans lequel le chef des catholiques reçut une blessure qui lui mérita le glorieux surnom de *Balafré*, fut le fait d'armes le plus important de cette nouvelle levée de boucliers.

Paix de Beaulieu.

La paix de *Monsieur* ou de Beaulieu (1576), qui donnait aux protestants huit places de sûreté, au duc d'Alençon le titre de duc d'Anjou avec la possession de cette province, de la Touraine et du Berry, et à Condé la Picardie, termina la cinquième guerre civile.

Formation de la Ligue.

Les catholiques, justement alarmés de tant de concessions, résolurent de lutter énergiquement pour la défense de leur foi. D'Humières, qui commandait à Péronne, organisa le premier une ligue dans le but d'enlever à Condé le gouvernement de la Picardie, et plusieurs villes imitèrent son exemple. Mais bientôt les catholiques, pour agir avec plus d'ensemble, réunirent toutes ces ligues en une seule, sous le commandement du duc de Guise, que l'on disait descendre des Carlovingiens. En présence de ce mouvement, Henri III convoqua les états généraux à Blois (décembre 1576).

Les premiers états de Blois, 1576.

Les états, véritable représentation nationale, demandèrent l'admission de trente-six de leurs commissaires dans le conseil royal, et comme leurs vœux demeuraient ordinairement sans effet, ils réclamèrent avec instance que toutes les décisions qu'ils prendraient à l'unanimité eussent force de loi, même sans la sanction royale, puis ils votèrent l'abrogation de la paix de Beaulieu et la reprise de la guerre contre les huguenots. Dans cette assemblée, les députés du tiers état parisien se montrèrent ardents catholiques ; ils se prononcèrent pour la guerre

Jean Bodin.

malgré l'éloquent Jean Bodin, qui, partageant les illusions de l'Hôpital, cherchait à faire croire à ses collègues que l'on pouvait rétablir l'unité religieuse sans prendre les armes. Cependant l'habile orateur ne perdit pas complètement sa peine aux états de Blois : il décida les députés à refuser des subsides au roi et à lui défendre d'aliéner le domaine royal. Néanmoins Henri III, à qui ces procédés arrachèrent des larmes de colère, s'apprêta à commencer les hostilités et se déclara chef de la Ligue.

Cette sixième guerre ne fut signalée que par la prise de Brouage, de la Charité et d'Issoire, dont s'empara l'armée royale, que commandait le duc d'Anjou. La paix fut signée à Bergerac (1577) et ratifiée à Poitiers par Henri III, qui l'appela *mon édit*. A Poitiers, en effet, le roi ne s'était pas montré moins généreux envers les protestants que son frère à Beaulieu : il accordait aux réformés l'exercice de leur culte dans une ville par bailliage, le droit d'entrer aux charges, huit places de sûreté, à Condé, Saint-Jean-d'Angély, et défendait toute confédération ou ligue. Henri III voulait donc, malgré les vœux contraires du pays, exprimés aux états de Blois, établir le calvinisme en France. L'année suivante il osa même admettre les chefs huguenots dans l'ordre du Saint-Esprit, qu'il venait d'établir. Mais ni cette guerre ni cette paix ne changèrent rien à la situation des partis, car « guerre mal faite, paix mal gardée. »

Dans la septième guerre religieuse dite *des Amoureux*, dont la vraie cause fut l'ambition de Henri de Béarn et de ses compagnons, le roi de Navarre s'empara vaillamment de Cahors, mais ses coreligionnaires de la Fère durent livrer cette place au maréchal Matignon. Le duc d'Anjou rétablit à Fleix (Dordogne) la paix de Bergerac (1580).

Alors le frère du roi se rendit dans les Pays-Bas, qui l'avaient proclamé duc de Brabant et comte de Flandre, pour qu'il les soutînt dans leur lutte contre Philippe II. Mais se trouvant sans ressources dans ce pays, le duc le quitta bientôt et revint mourir en France (1584).

Cette mort donnait à Henri de Béarn, roi de Navarre et descendant de Robert de Clermont, sixième fils de saint Louis, l'espoir de monter sur le trône de France dans un prochain avenir, car Henri III n'avait point

Sixième guerre,
1577.

Paix
de Bergerac.

Septième guerre,
1580.

Prise de Cahors.

Paix
de Fleix.

Mort
du duc d'Anjou.

Henri de Béarn,
héritier
du trône.

d'enfants. Henri de Béarn était né au château de Pau en 1553. A sa naissance, sa mère Jeanne d'Albret avait chanté un refrain béarnais afin que l'enfant ne fût « ni pleurard ni rechigné; » son aïeul lui avait frotté les lèvres d'une gousse d'ail et lui avait fait avaler quelques gouttes de vin de Jurançon. Henri avait été élevé comme les petits paysans du Béarn, « pieds nus et tête nue. » De bonne heure il avait montré son courage sur les champs de bataille. Mais comme son père Antoine de Bourbon, il n'avait point de principes religieux arrêtés ; déjà il avait changé deux fois de croyance, et, à l'époque de la mort du frère du roi, il était protestant. Aussi les catholiques, jugeant un hérétique relaps indigne de la couronne de saint Louis, déclarèrent-ils aussitôt le cardinal de Bourbon, oncle du Béarnais, héritier de Henri III. Celui-ci, long-temps indécis, prit parti d'abord pour Henri de Navarre, puis se rangea du côté de la Ligue, qu'il déclara *patriotique et sainte*. Cette association devint alors toute-puissante sous la direction du comité des *Seize*, chargé de maintenir l'influence des catholiques dans les seize quartiers de Paris.

Henri de Béarn, décidé à revendiquer ses droits avec l'appui des protestants de France, d'Angleterre et d'Allemagne, prit les armes, et la guerre recommença. Henri III confia ses troupes au duc de Joyeuse et au duc d'Epernon. Ces deux généraux furent complètement battus par le Béarnais à Coutras (1587), mais le duc de Guise vengea cette défaite par les victoires qu'il remporta sur les Allemands à Vimory (Loiret) et à Auneau (Eure-et-Loir). Les succès du duc de Guise excitèrent la jalousie de Henri III. Ce lâche monarque, toujours livré aux plus honteux plaisirs, défendit même à son rival de paraître au milieu des Parisiens, qui déjà chantaient : *Saül en a tué mille, et David dix mille.* Néanmoins l'ambitieux duc de Guise, poussé par la Ligue, brava cette défense et se présenta à la cour. Le mauvais accueil que lui fit le monarque indigna le peuple, qui, sous l'influence des Seize, s'insurgea, dressa des barricades et força le roi à sortir de Paris. Guise, maître de la capitale, n'y trouva qu'Achille de Harlay pour blâmer sa conduite. « C'est grand'-

pitié quand le valet chasse le maître, lui dit le premier président, qu'il engageait à ne pas suspendre le cours de la justice. Au reste, ajouta ce noble magistrat, mon âme est à Dieu, mon cœur est à mon roi, et mon corps est entre les mains des méchants : qu'on en fasse ce que l'on voudra. » Guise ne fut point déconcerté par le mépris de cet homme vertueux. Il s'allia à Philippe II et dicta au roi ses conditions de paix. Le perfide Henri III approuva la conduite du duc, le déclara généralissime de l'armée, et l'invita à se rendre à Blois, où les états devaient se réunir une seconde fois. Guise, secrètement averti des funestes projets du roi, se contenta de répondre : « Il n'oserait, » et se rendit à Blois. Henri III, qui trouvait Paris et la Ligue trop dévoués au duc, était en effet décidé à se délivrer de son rival par le meurtre. Le duc Henri et son frère le cardinal furent donc lâchement assassinés. Le roi voulut porter lui-même cette bonne nouvelle à sa mère mourante. « Madame, dit-il, je suis redevenu roi de France, ayant fait tuer le roi de Paris. — Ce n'est pas tout de tailler, mon fils, répondit Catherine, il faut coudre. » Mais le frère des Guises, le duc de Mayenne, qui avait réussi à se dérober aux coups de ses ennemis, vint à Paris et fut nommé par la Ligue lieutenant général du royaume.

Les seconds états de Blois. 1588.

Assassinat des Guises.

Plusieurs chaires retentirent alors d'imprécations contre Henri III, *le nouvel Hérode*. Néanmoins Henri III se dirigea, avec Henri de Béarn, sur la capitale, et prit position sur les hauteurs de Saint-Cloud. Là il pro-

Premier siége de Paris.

GÉNÉALOGIE DES BOURBONS.

Charles de Bourbon, ✝ 1537, descendant de la branche cadette, issue de Robert de France, comte de Clermont, sixième fils de saint Louis.

Antoine de Bourbon, ✝ 1562, épouse Jeanne d'Albret.	François, comte d'Enghien, ✝ 1545.	Charles, cardinal (Charles X), mort prisonnier à Fontenay-le-Comte, 1590.	Louis Ier, prince de Condé, ✝ 1569.
Henri IV (1589-1610). ép. Catherine			Henri Ier, ✝ 1588. Charles de Soissons.
Louis XIII (1610-1643). Claude de Guise.			

nonça, en regardant la ville, ces menaçantes paroles :
« Paris, tu as la tête trop grosse, tu as besoin d'une
saignée. » Il n'eut pas le temps d'accomplir ses desseins
sanguinaires, il tomba, quelques jours plus tard, sous le
couteau du fanatique dominicain Jacques Clément (1589).
Le meurtre expiait le meurtre. Avec Henri III s'éteignit
la branche des Valois.

Assassinat de Henri III.

XXᵉ LEÇON

HENRI IV ET SULLY. — ÉDIT DE NANTES. — ADMI-
NISTRATION ET POLITIQUE. — ÉTAT DE L'EUROPE
EN 1610.

Henri IV (1589-1610). — A la mort de Henri III,
pendant que les Parisiens s'écriaient : Vive le cardinal de
Bourbon ! Vive Charles X ! le camp de Saint-Cloud accla-
mait l'avènement de Henri de Béarn. « Vous êtes le roi des
braves, lui disaient Biron, Longueville et d'Aumont, vous
ne serez abandonné que par les poltrons. »

Cependant, trop faible pour prendre Paris, Henri IV
lève le siège de cette ville et court s'emparer de Dieppe,
d'où il se met en communication avec Elisabeth. Vainqueur de Mayenne au combat d'Arques (1589), et renforcé des secours de l'Angleterre, il revient promptement
sur Paris, qu'il veut surprendre. Vaine tentative. Alors il
assiège Dreux, le grenier de la capitale. Mayenne va l'attaquer, Henri marche au-devant de son rival, et les deux
armées se rencontrent dans les plaines d'Ivry. « Compagnons, dit le Béarnais aux siens avant la bataille, si vous
perdez vos enseignes, ralliez-vous à mon panache blanc,
vous le trouverez toujours au chemin de l'honneur et de
la gloire. » Aussitôt après il engage la lutte, se précipite
dans la mêlée et met l'ennemi en fuite (1590). Alors il re-
tourne vers Paris, qu'il tient étroitement bloqué pendant

Victoires de Henri IV à Arques et à Ivry.

Deuxième siège de Paris.

quatre mois. Mais plutôt que de se rendre, cette ville supporte une horrible famine.

Forcé de lever le siège de Paris par Farnèse, gouverneur des Pays-Bas, le Béarnais se retire en Normandie et menace Rouen. Poursuivi jusque-là par Farnèse, il le défait à Aumale, lui abandonne Caudebec et prend Yvetot. « Vive Dieu ! s'écrie-t-il avec sa verve gasconne, si je ne suis pas roi de France, je serai roi d'Yvetot. » Laissant ensuite son adversaire mourant se dégager de la situation critique dans laquelle il l'a mis et s'en retourner vers les Pays-Bas, Henri reprend le chemin de Paris, où le comité des Seize exerçait une affreuse tyrannie. *Guerre en Normandie.*

Le président Brisson, que Bussy le Clerc trouvait trop modéré, et deux conseillers, également réactionnaires, avaient péri victimes des violences du comité. Ces excès discréditèrent la Ligue et fortifièrent le parti des *politiques*, dans lequel Mayenne lui-même chercha un appui. *Tyrannie des Seize.*

La mort du cardinal de Bourbon, survenue sur ces entrefaites (1590), éveilla de nouvelles ambitions. Le jeune duc de Guise, Mayenne et Philippe II, au nom de sa fille Isabelle, réclamèrent la couronne. Alors les états généraux furent convoqués pour nommer un roi. Ils allaient se prononcer en faveur du fils du Balafré, qui devait épouser Isabelle, lorsque Henri IV abjura l'hérésie calviniste et ainsi, de l'aveu de tous les catholiques sans ambition, recouvra ses droits au trône. La conversion du roi et la satire Ménippée (le *Catholicon* et l'*Abrégé des états*), œuvre des juriconsultes Pithou et Gilot et des poètes Durand et Passerat, portèrent un coup décisif à la Ligue (1593). *Mort du cardinal de Bourbon. Les prétendants au trône. Conversion du roi.*

Aussitôt après l'abjuration du roi, Orléans, Bourges, Lyon, le reconnurent. Lorsqu'il eut été sacré à Chartres, Cossé-Brissac lui livra Paris, et Villars-Brancas, Rouen. Mais la Picardie, la Bourgogne et la Bretagne lui firent une plus longue résistance. *Soumission des villes.*

Philippe II cependant n'était point encore désarmé. Ce roi ordonna à Velasco, gouverneur du Milanais, d'envahir la Champagne, et à Fuentès de pénétrer en Picardie. Henri IV marcha contre Velasco, et, recomman-

Victoire de Fontaine-Française, 1595.

dant à ses soldats « de faire comme ils le verraient faire lui-même, » il le battit à Fontaine-Française (Côte-d'Or).

Après avoir obtenu l'absolution du pape Clément VIII par l'entremise des cardinaux d'Ossat et Duperron, et gagné le gros Mayenne, dont il se vengea d'une manière toute gasconne ; après avoir désarmé d'Epernon et Joyeuse et reçu quelques subsides des notables, qu'il avait réunis à Rouen, Henri, à la nouvelle de la prise d'Amiens, se remit « à faire le roi de Navarre : » il marcha contre Fuentès et lui reprit Amiens. Enfin, lorsque Mercœur, qui tenait encore en Bretagne, eut, comme les autres rebelles, vendu sa soumission au roi, Henri IV et Philippe II signèrent le traité de Vervins (1598), qui rétablissait la France et l'Espagne dans leurs limites de 1559 et mettait fin aux guerres religieuses.

Perte et reprise d'Amiens.

Paix de Vervins. 1598.

Edit de Nantes (1598). — Un mois avant de signer la paix de Vervins, Henri IV avait publié l'*édit de Nantes*. Par cet acte les protestant obtenaient le libre exercice de leur culte dans les villes où il était établi, dans une ville ou bourg par bailliage (excepté toutefois dans l'enceinte de Paris et des villes épiscopales). Ils avaient en outre le droit de prendre part aux fonctions publiques, d'envoyer leurs enfants aux universités et collèges, de tenir des synodes tous les trois ans, d'entretenir à leurs frais des ministres. Des chambres mi-parties furent établies dans les parlements de Toulouse, de Grenoble, et une chambre de l'*édit* fut créée dans ceux de Paris, de Rouen et de Rennes, pour leur rendre la justice. Enfin Henri IV leur donna soixante-dix places de sûreté.

Sully. Administration et politique. — Une fois complètement maître du royaume, Henri IV s'efforça d'y ramener l'abondance et la prospérité, et poursuivit ce but malgré les tentatives d'assassinat et les complots des Barrière, des Châtel et des Biron. Il trouva, pour le seconder dans cette œuvre, Maximilien de Béthune, duc de Sully.

Jeune étudiant fugitif à la Saint-Barthélemy, soldat tombé blessé dans les bras du Béarnais à Ivry, puis administrateur intelligent d'une fortune arrondie par les profits de la guerre et la dot d'une Courtenay, négociant avisé, mais toujours prodigue de son or envers l'Etat, Sully fut donc appelé à mettre dans l'administration intérieure du royaume l'ordre qui régnait dans sa maison, et créé successivement *surintendant des finances, des bâtiments et des fortifications*, et *grand maître de l'artillerie.*

Les premières réformes de Sully portèrent sur les finances. Elles étaient en proie au plus grand désordre, par suite de perceptions sans contrôle concédées à de puissants personnages, et même à des souverains étrangers créanciers de l'Etat. Le ministre retira aux créanciers le prélèvement de l'impôt et le loua chèrement à des fermiers généraux, en leur laissant le soin de rétribuer leurs agents à leurs frais. Il remboursa les rentes onéreuses, supprima les offices inutiles, les charges arbitraires imposées par les gouverneurs, annula les faux titres de noblesse et imposa aux magistrats la *paulette*, droit annuel du fisc au 60e sur le revenu d'une charge acquise, à cette condition, à leurs descendants. Les percepteurs durent tenir des *registres-journaux* qui facilitaient le contrôle et permettaient d'établir la situation financière. Grâce à cette économie, Sully put racheter les parties aliénées du domaine royal, dispenser de la taille des laboureurs dans la gêne, et, tout en faisant ouvrir des routes, des canaux, etc., amasser une épargne de vingt millions.

La période qui s'étend de Henri IV à Louis XIV fut l'âge d'or de l'agriculture. Le roi et son ministre se montrèrent pleins de sollicitude pour le laboureur. En sa faveur ils réduisirent la taille et la gabelle ; ils défendirent aux collecteurs et aux gens de guerre de saisir leurs instruments ou leurs bestiaux ; ils favorisèrent la liberté des transactions ; ils firent dessécher, par une compagnie hollandaise, des marais qui devinrent terres nobles. La chasse dans les blés et les vignes fut interdite ; l'exploitation des mines fut poussée avec activité et soumise à une administration centrale. La « poule au pot, » parole authentique, est demeurée comme la légende du bienfai-

Réformes financières.

Agricultur

teur de l'agriculture et la vive expression de toute sa pensée. On sait qu'il lisait attentivement les livres d'Olivier de Serres, *Théâtre de l'agriculture* et *Ménage des champs*, et qu'il encouragea les entreprises du savant agronome

Mal secondé pour l'industrie et le commerce par Sully, qui n'avait foi qu'en « labourage et pâturage, » Henri se proposa néanmoins de tirer du sol les matières premières, trop coûteuses à l'étranger, et de retenir l'argent en France par la création d'une industrie nationale. Culture du mûrier, manufacture de verre à Melun, manufacture de haute lice aux Gobelins, confections de toiles fines et de dentelles, se développaient à l'envi, tandis que des artistes logés au Louvre développaient l'œuvre de la Renaissance.

Pour rendre la vie au commerce, Henri IV dut organiser les transports par eau, et délivrer dans les ports des lettres de représailles, permettant de résister aux pillages des vaisseaux anglais, espagnols et hollandais. Son projet était de réunir par des canaux les mers qui baignent la France, mais il ne fit creuser que celui de Briare. Il répara les vieilles routes et en traça de nouvelles, qui furent bordées d'arbres ; il restaura les ponts de la Loire, celui d'Avignon, et acheva le Pont-Neuf. Le commerce s'exerça librement en Orient et en Afrique, dont tous les ports nous furent ouverts par le firman de 1604 ; en Espagne et en Flandre, par des traités de commerce avec Philippe II ; en Allemagne et en Pologne, par l'intermédiaire des villes hanséatiques.

La France entra tard dans la voie de colonisation. Ce ne fut qu'après les tentatives infructueuses de Verazzano et autres, que le capitaine Samuel Champlain remonta le Saint-Laurent et compléta les découvertes de Jacques Cartier. Henri IV prit possession du Canada ou Nouvelle-France, où Champlain avait jeté les fondements de Québec, et, malgré les injures de l'air et les maladies, il y établit une colonie administrée par de Monto et Champdoré. A la mort du roi, le drapeau français flottait sur les rives du Saint-Laurent et du lac Ontario, et l'exploitation des forêts, l'agriculture, la pêche, rendirent florissante cette colonie, qui comptait 1,600 lieues de long sur 500 de large.

Relevée par François Ier, la marine était retombée si bas que les côtes étaient désarmées contre les pirates. De 1608 à 1610, on répara et on approvisionna les ports, et des flottes furent lancées à la mer pour défendre le littoral et protéger notre commerce dans les deux Indes. *Marine.*

L'armée se composait de compagnies provinciales transformées en régiments, de troupes étrangères à la solde du roi, et de cavalerie, seul corps où la noblesse consentît à servir. Grâce aux soins de Sully, l'artillerie reçut l'importance qu'elle méritait, et dès lors les seigneurs désespérèrent de pouvoir résister au roi derrière leurs créneaux. *Armée.*

Henri IV apporta encore ses soins à faire refleurir les études, négligées au milieu de la guerre civile. Les maisons d'éducation, qui avaient été changées en casernes, furent rendues à leur destination primitive. Le roi dressa lui-même la constitution de l'Université, mais le grec occupe alors le premier rang dans les programmes, comme fera plus tard le latin. *Études.*

Le gouvernement de Henri IV ne fut pas moins heureux pour la France au dehors qu'à l'intérieur. En effet, ce roi obtint du duc de Savoie la Bresse et le Bugey, en échange du marquisat de Saluces ; il soutint les Pays-Bas contre l'Espagne et obligea celle-ci d'accepter la trêve de douze ans ; il protégea les catholiques d'Angleterre, de Hollande, et même les chrétiens d'Orient. — Utopie monarchique de Henri IV, son intervention dans la question de l'héritage de Clèves et de Juliers en faveur des princes allemands, contre l'ambitieuse maison d'Autriche. — Assassinat du roi par Ravaillac (1610). *Politique extérieure de Henri IV.* *Mort du roi.*

Le long gémissement qui retentit dans toute la France à la nouvelle de la mort de Henri IV montre combien ce roi était aimé de ses sujets. Il avait, en effet, plusieurs de ces qualités qui caractérisent un grand et bon roi : à un courage héroïque sur le champ de bataille, il joignait un rare bon sens, un esprit pratique pour l'administration des affaires, et un dévouement sincère aux intérêts du peuple. Mais on doit lui reprocher ses mœurs scanda- *Qualités et défauts de Henri IV.*

leuses et ses faveurs exagérées pour ses anciens coreligionnaires, qui, avec leurs places de sûreté, formaient, en 1610, un Etat dans l'Etat.

France. **Etat de l'Europe en 1610.** — Henri IV avait donné à la France ses propres domaines, le Béarn, la Gascogne, le Rouergue, le Limousin et le Périgord ; de plus il l'avait agrandie à l'est par l'achat de la Bresse, du Bugey et du Valromey, et pourtant, en 1610, la France était loin d'avoir des limites naturelles. En effet, le Roussillon en deçà des Pyrénées, la Savoie en deçà des Alpes, la Franche-Comté en deçà du Jura, ne lui appartenaient point. En deçà du Rhin, l'Alsace et la Lorraine, à l'exception des Trois-Evêchés, relevaient d'un prince étranger, et l'Espagne, par la possession de la Flandre et de l'Artois, menaçait continuellement notre frontière, sans défense de ce côté. En outre, six principautés indépendantes étaient enclavées dans le territoire français ; c'étaient : le comtat Venaissin (au pape), Orange (à la famille de Nassau), les Dombes (à la famille de Montpensier), Boisbelle ou Henrichemont dans le Berry (à Sully), Arches en Champagne, Nevers et Donzy (aux Gonzague), Sedan (aux Latour). De plus, on voyait encore en France de puissantes maisons princières, dont les domaines se confondaient avec ceux de la couronne dans les douze grands gouvernements. Ces maisons étaient 1º la maison de Bourbon, représentée par les Condé, les Condé-Conti, les Condé-Soissons et les Montpensier ; 2º la maison de Lorraine et de Bar, de Mercœur et de Penthièvre, et représentée par les Guises ; 3º les maisons bâtardes des Vendôme et des Longueville ; enfin citons encore les importantes maisons des Montmorency, des Luxembourg, des la Trémoille, des Clermont-Tonnerre et des Rohan, dont les terres, érigées en duchés-pairies, avaient été soumises par Henri IV aux lois des apanages. Comme nous le verrons bientôt, cette puissante noblesse, à la faveur du gouvernement d'une femme, agitera le royaume par ses prétentions toutes féodales, et ne gardera le repos qu'en face de l'attitude menaçante de Richelieu.

Angleterre. En 1610, l'Angleterre était gouvernée par Jacques Iᵉʳ Stuart, et se trouvait au comble de la puissance. Elle s'était annexé l'Ecosse, tout en lui laissant une existence nationale ; elle avait brutalement subjugué l'Irlande ; elle possédait les îles Shetland, Orcades, Hébrides, anglo-normandes, et voyait ses marins, les Forbisher, les Raleigh, les Davis, etc., lui préparer des empires en Amérique et en Asie.

L'Allemagne, depuis le règne de Maximilien Ier (1493-1519), était partagée en dix cercles, savoir : les cercles de Basse-Saxe, de Haute-Saxe, du Haut-Rhin, du Bas-Rhin, d'Autriche, de Bavière, de Franconie, de Souabe, de Bourgogne et de Westphalie. Les maisons électorales et souveraines de ces pays étaient : 1° la maison d'Autriche, en possession de l'archiduché d'Autriche, de la Styrie, de la Carinthie, de la Carniole et du Tyrol, et, en dehors des cercles, de la Bohême, de la Silésie, de la Moravie, du Brisgau, des villes *forestières* (Seckingen, Lauffenbourg, Waldshut), de la Croatie et de la Hongrie septentrionale ; 2° la maison de Saxe, divisée en deux branches : la branche aînée ou Albertine, et la branche Ernestine ; 3° la maison de Brandebourg, en possession du margra-viat de Brandebourg, d'Anspach et de Beyreuth ; 4° la maison palatine, possédant le cercle du Bas-Rhin ; 5° la maison de Bavière ; 6° les trois électeurs ecclésiastiques de Trèves, de Cologne et de Mayence. Nommons, en outre, les maisons de Hesse, de Mecklembourg, de Brunswick, de Wurtemberg, de Bade, de Clèves, etc.

Un *empereur* ayant le patronat suprême de l'Eglise, le pouvoir judiciaire en dernier ressort et le droit de con-férer les dignités ; une *diète semestrielle*, composée de trois collèges : collège des électeurs, collège des princes laïques et ecclésiastiques, collège des villes impériales, et portant, de concert avec l'empereur et au nom des Etats dont elle est la représentation, les lois ou *recez* de l'Em-pire ; un *édit de paix perpétuelle* (1495), interdisant les défis particuliers et les guerres entre les Etats, sous peine d'amende ou de privation de leurs droits et dignités pour les délinquants ; une *chambre impériale* (1496), tribunal suprême inamovible, formé d'un grand juge et de seize assesseurs choisis par l'empereur, parmi les membres de la noblesse et les juriconsultes, sur une liste de candidats que lui présentaient les états, tribunal seul investi du droit de priver quelqu'un de ses droits civils ou politiques (ban de l'Empire) ; enfin un *conseil aulique* (1506), créé par Maximilien, jaloux de ses droits, pour rendre la justice dans les Etats autrichiens et faire contrepoids, dans tout l'Empire, à l'influence de la chambre impériale : telles étaient en résumé, avec la bulle d'or (voyez p. 30), les institutions qui régissaient l'empire germanique. Bien que la couronne impériale fût élective, la maison d'Autriche (Habsbourg), grâce à l'influence que lui donnaient ses vastes domaines, en disposait à son gré. Souvent, en effet, l'empereur, de son vivant, assurait l'héritage de cette dignité à son fils, qui prenait, après son élection, le titre de *roi des Romains*.

Espagne. En 1610, l'Espagne était en voie de décadence. Philippe III, qui y régnait, hâtait la ruine du royaume en chassant les Maurisques, qui s'adonnaient avec ardeur à l'agriculture et au commerce. Néanmoins, à cette époque, l'Espagne était encore une puissance formidable. Elle possédait, en Europe, toute la péninsule hispanique, de plus, le Roussillon, les Pays-Bas, à l'exception des sept provinces unies, l'Artois, la Flandre, la Franche-Comté, le Milanais, la Sardaigne, les royaumes de Naples et de Sicile ; en Afrique, les Présides (Ceuta, Oran), les îles Madères, les Canaries, le Congo, le Mozambique ; en Asie, Goa, Macao ; en Océanie, les Philippines ; en Amérique, le Mexique, le Pérou, le Chili, le Brésil et presque toutes les Antilles.

Italie. L'Italie restait toujours morcelée. Outre les Etats appartenant à l'Espagne, on y trouvait : 1° au nord, la Savoie (Turin), avec le Piémont et le marquisat de Saluces ; Monaco ; les républiques de Gênes et de Venise, toutes deux ruinées depuis l'arrivée des Turcs en Europe ; Lucques, république comme Gênes et Venise ; les duchés de Plaisance, de Modène et de Parme ; 2° au centre, le grand-duché de Florence, les Etats de l'Eglise, avec la petite république de Saint-Marin ; 3° au sud, le royaume des deux Siciles à l'Espagne. Malte et Gozzo appartenaient aux chevaliers de Saint-Jean.

Suisse. La Suisse comptait alors treize cantons, savoir : Uri,

Schwitz, Unterwalden, Lucerne, Zug, Fribourg, Soleure, fidèles au catholicisme ; Zurich, Bâle, Schaffhouse, Berne, Glaris et Appenzel, partisans de la réforme. Genève, le Valais, l'abbaye de Saint-Gall et la confédération des Grisons étaient les alliés des Suisses.

On appelait *République des provinces unies* les provinces des Pays-Bas qui, à l'occasion de la réforme, s'étaient séparées violemment de l'Espagne pour former une république indépendante. Ces provinces, au nombre de sept, étaient la Hollande, la Zélande, la Frise, Utrecht, la Gueldre, Groningue et Over-Yssel. Cette république, gouvernée par un stathouder, avait déjà d'importants comptoirs à Java et aux Moluques. *(République des Provinces-Unies.)*

Les trois Etats, Danemark, Suède et Norwège, autrefois réunis par l'union de Calmar, brisée depuis 1524, vivaient dans une sorte d'isolement. *(Etats scandinaves.)*

A l'époque qui nous occupe, le Danemark comprenait les îles Danoises (Séeland, Falster, Fionie), Bornholm, Féroé, l'Islande, le Jutland et le Sleswig-Holstein, l'extrémité méridionale de la Gothie (Scanie, Blékingie), et de plus il tenait la Norwège sous sa dépendance. *(1° Danemark.)*

La Suède, affranchie de la domination danoise par Gustave Wasa, en 1531, comprenait toute la presqu'île scandinave, à l'exception de la Norwège et de l'extrémité de la Gothie. *(2° Suède.)*

En 1610, la Russie, affranchie du joug des Tartares, comptait huit gouvernements, savoir : Arkhangel, Novogorod, Moscou, Kiew, Biolgorod, Nijni-Novogorod, Kasan et Astrakan. *(Etats slaves. 1° Russie.)*

La Pologne était alors la puissance prépondérante dans l'Europe orientale ; récemment encore, elle avait fait, sur les Russes, d'importantes conquêtes. Elle était divisée en provinces dont les principales étaient : la Grande-Pologne (Varsovie), la Petite-Pologne (Cracovie), la Lithuanie (Vilna) et la Podolie (Kaminiec). Ses rois étaient suzerains de la Prusse ducale et du duché de Courlande. *(2° Pologne.)*

L'Etat le plus vaste de l'Europe en 1610 était l'empire ottoman. Avec Constantinople pour capitale, il comptait parmi ses principales villes : Athènes et Bude en Europe ; Smyrne, Trébizonde, Jérusalem, Badgad et la Mecque en *(Empire ottoman.)*

Asie. Le sultan d'Egypte et le khan des Tartares, le bey de Tunis et le dey d'Alger, le prince de Transylvanie et les hospodars de Valachie et de Moldavie, étaient ses vassaux. Maître d'une partie des trois continents, il dominait encore sur la Méditerranée; néanmoins, la force de cet empire était brisée, et désormais, malgré quelques brillants faits d'armes, les Turcs n'inquiéteront plus sérieusement l'Europe chrétienne.

FIN DE LA REVISION DU COURS DE SECONDE.

TABLEAU SYNOPTIQUE

DES SOUVERAINS

DES PRINCIPAUX ÉTATS DE L'EUROPE

(1270-1610)

FRANCE.

Philippe III *le Hardi*.	1270-1285
Philippe IV *le Bel*.	1285-1314
Louis X *le Hutin*.	1314-1316
Jean Ier *le Posthume*.	1316
Philippe V *le Long*.	1316-1322
Charles IV *le Bel*.	1322-1328
Philippe VI *de Valois*.	1328-1350
Jean II *le Bon*.	1350-1364
Charles V *le Sage*.	1364-1380
Charles VI *le Bien-aimé*.	1380-1422
Charles VII *le Victorieux*.	1422-1461
Louis XI.	1461-1483
Charles VIII.	1483-1498
Louis XII *le Père du peuple*.	1498-1515
François Ier *le Père des lettres*.	1515-1547
Henri II.	1547-1559
François II.	1559-1560
Charles IX.	1560-1574
Henri III.	1574-1589
Henri IV *le Grand*.	1589-1610

ANGLETERRE.

Edouard Ier.	1272-1307
Edouard II.	1307-1327
Edouard III.	1327-1377
Richard II.	1377-1399
Henri IV.	1399-1413
Henri V.	1413-1422
Henri VI.	1422-1461
Edouard IV.	1461-1483
Edouard V.	1483
Richard III.	1483-1485
Henri VII *Tudor*.	1485-1509
Henri VIII.	1509-1547
Edouard VI.	1547-1553
Jeanne Grey.	1553
Marie Tudor.	1553-1558
Elisabeth.	1558-1603

SAINT-EMPIRE ROMAIN.

Rodolphe Ier de Habsbourg.	1273-1291

Adolphe de Nassau.	1292-1298	Sigismond de Luxem-	
Albert Ier d'Au-		bourg.	1411-1437
triche.	1298-1308		
Henri VII de Luxem-		*Maison d'Autriche.*	
bourg.	1308-1313	Albert II *le Magna-*	
Louis V de Bavière.	1314-1347	*nime.*	1438-1439
Frédéric III le		Frédéric III *le Paci-*	
Beau [1].	1314-1322	*fique.*	1440-1493
Charles IV de Luxem-		Maximilien Ier *Pochi-*	
bourg.	1347-1378	*denari.*	1493-1519
Wenceslas *l'Ivro-*		Charles-Quint.	1519-1556
gne.	1378-1400	Ferdinand Ier.	1556-1564
Robert de Bavière.	1400-1410	Maximilien II.	1564-1576
Josse de Moravie.	1410-1411	Rodolphe II.	1576-1612

ESPAGNE.

CASTILLE.		ARAGON.	
Alphonse X *l'Astro-*		Jayme ou Jacques Ier.	1213-1276
nome.	1252-1282	Pierre III.	1276-1285
Sanche IV *le Brave*		Alphonse III *le Ma-*	
ou *le Sage.*	1284-1295	*gnifique*	1285-1291
Ferdinand IV.	1295-1312	Jayme II.	1291-1327
Alphonse XI.	1312-1350	Alphonse IV.	1327-1336
Pierre *le Cruel.*	1350-1369	Pierre IV.	1336-1387
Henri II *de Trans-*		Jean Ier.	1387-1395
tamare.	1359-1379	Martin.	1395-1410
Jean Ier.	1379-1390	Ferdinand Ier de	
Henri III.	1390-1406	Castille.	1412-1416
Jean II.	1406-1454	Alphonse V *le Ma-*	
Henri IV.	1454-1474	*gnanime.*	1416-1458
Isabelle.	1474-1504	Jean II.	1458-1479
Philippe le Beau et		Ferdinand II *le Ca-*	
Jeanne la Folle.	1504-1506	*tholique.*	1516
Charles Ier d'Autriche			
(Charles-Quint).	1506-1556		

ROIS DE TOUTE L'ESPAGNE DEPUIS 1516.

Charles-Quint.	1516-1556
Philippe II.	1556-1598
Philippe III.	1598-1621

[1] Le nom des antiempereurs est en caractères italiques.

SAINT-SIÈGE.

Papes de Rome.

Grégoire X.	[1] 1271
Innocent V.	1276
Adrien V.	1276
Jean XXI.	1276
Nicolas III.	1277
Martin IV.	1281
Honorius IV.	1285
Nicolas IV.	1288
Célestin V.	1294

Boniface VIII.	1294
Benoît XI.	1303

Papes d'Avignon.

Clément V.	1305
Jean XXII.	1316
Nicolas V [2].	1328
Benoît XII.	1334
Clément VI.	1342
Innocent VI.	1352
Urbain V.	1362
Grégoire XI.	1378

Les papes pendant le grand schisme d'Occident.

A ROME.		A AVIGNON.		A BOLOGNE.	
Urbain VI.	1378	Clément VII.	1378	Alexandre V.	1409
Boniface IX.	1389	Benoît XIII.	1394	Jean XXIII.	1410
Innocent VIII.	1404				
Grégoire XII.	1406				

Les papes après le grand schisme.

Martin V.	1417	Clément VII.	1523
Eugène IV.	1431	Paul III.	1534
Félix V.	1439–1449	Jules III.	1550
Nicolas V.	1447	Marcel II (21 jours).	155.
Calixte III.	1455	Paul IV.	155.
Pie II.	1458	Pie IV.	1559
Paul II.	1464	Pie V.	156.
Sixte IV.	1471	Grégoire XIII.	157.
Innocent VIII.	1484	Sixte V.	1585
Alexandre VI.	1492	Urbain VII.	159.
Pie III.	1503	Grégoire IX.	159.
Jules II.	1503	Innocent IX.	159.
Léon X.	1513	Clément VIII.	1590
Adrien VI.	1522	Léon XI.	160.

[1] Cette date est celle de l'élection.
[2] Le nom des antipapes est en caractères italiques.

EMPIRE OTTOMAN.

Othman Ier.	1284–1326	Mahomet II *le Conquérant.*	1451–1481
Orkhan.	1326–1360	Bajazet II.	1481–1512
Amurat Ier.	1360–1389	Selim Ier *le Féroce.*	1512–1520
Bajazet Ier.	1389–1402	Soliman II *le Magnifique.*	1520–1566
Soliman Ier.	1402–1410	Selim II.	1566–1574
Musa.	1410–1413	Amurat III.	1574–1595
Mahomet Ier.	1413–1421	Mahomet III.	1595–1603
Amurat II.	1421–1451	Achmet Ier.	1603–1617

TABLE DES LEÇONS

IV° LEÇON.

V° LEÇON.

VIᵉ LEÇON.

VII° LEÇON.

VIII° LEÇON.

IX° LEÇON.

X⁰ LEÇON.

XI⁰ LEÇON.

XII⁰ LEÇON.

XIII⁰ LEÇON.

XIV⁰ LEÇON.

XVe LEÇON.

XVIe LEÇON.

XVIIe LEÇON.

XVIIIe LEÇON.

XIXe LEÇON.

XX⁰ LEÇON.

TABLEAUX GÉNÉALOGIQUES.

BESANÇON. IMP. PAUL JACQUIN.